검은 대륙의 아버지

넬슨 만델라

검은 대륙의 아버지

넬슨 만델라

자음과모음

차례

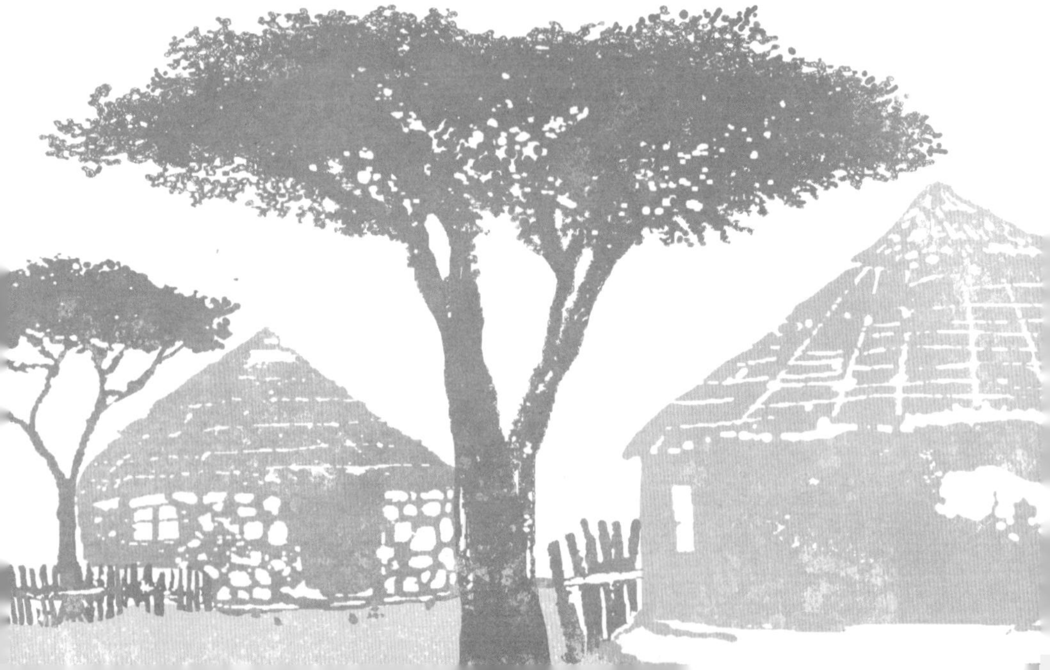

1장

백인의 세상, 흑인의 꿈

꿈을 잡아당기는 아이

음베조 북쪽 쿠누 마을 강가에 대여섯 살 또래의 아이들이 몰려 있었다. 오늘도 누가 더 큰 물고기를 잡는지 겨루고 있는 중이었다.

"내가 꼭 큰 물고기를 잡고 말 테야!"

롤리흘라흘라가 낚싯줄을 힘껏 던지며 외쳤다. 그 끝에는 직접 철 조각을 구부리고 갈아서 만든 바늘이 달려 있어 기대감도 컸다. 그동안 낚싯바늘이 신통치 않아서 매번 허탕을 쳤다는 생각이었다. 그래서 이번에는 벼르듯 오랜 시간 정성을 다해 만들었다.

노력한 결과인지 낚싯줄에 곧 신호가 왔다. 롤리흘라흘라는 힘껏 줄을 잡아채고는 조심스럽게 감기 시작했다. 잠시 후 물고기가 수면 위로 튀어 오르자 친구들의 입에서 탄성이 터졌다.

"우아, 정말 크다!"

"지난번 내가 잡은 것의 두 배는 되겠는걸!"

물고기의 저항이 거세어 롤리흘라흘라 혼자로는 낚싯줄을 끌어 올리기에 역부족이었다. 친구들까지 합세하여 겨우 건져 올렸는데 어른 팔뚝보다 더 컸다. 롤리흘라흘라는 우쭐해져서 친구들에게 소리쳤다.

"어떠냐, 이제 나를 무시하지 않겠지? 이번에는 사냥 솜씨를 보여 주겠어!"

롤리흘라흘라는 평소 즐기던 '씬티'라는 놀이에 쓰이는 막대기를 꺼내 들었다. 씬티는 소년들이 주로 하는 전쟁놀이였다. 상대의 막대기 두 개를 약 30미터 전방에 꽂아 두고 서로 막대기를 던져 쓰러뜨리는 놀이였다. 롤리흘라흘라는 그 막대기로 멋지게 새를 사냥할 생각이었다.

친구들도 각자 막대기를 꺼내 롤리흘라흘라의 뒤를 따르기 시작했다. 숲에 이르자 나무 위에 새 한 마리가 앉아 있는 것이 보였다. 롤리흘라흘라가 새를 향해 막대기를 던졌다.

"어!"

막대기는 나뭇가지에 걸려 새까지 미치지 못했다. 새가 잠시 움찔할 뿐 날아가지 않자 롤리흘라흘라는 약이 올랐다. 다시 위치를 바꿔 막대기를 힘껏 던졌지만 마찬가지였다. 새는 몸을 한차례 부르르 떨더니 아무 일 없다는 듯 두리번거릴 뿐이었다. 롤리흘라흘라는 껴안듯 나무에 매달려 가장 가까운 나뭇가지를 잡고 흔들기 시작했다. 새가 더 잘 보이는 나뭇가지로 옮겨 가도록 하기 위해서였다.

그 모습을 멀리서 지켜보던 두 사람이 있었다. 롤리흘라흘라의 아버지와 어머니였다.

"허허, 내가 저 녀석 이름을 롤리흘라흘라라고 짓기를 잘했지."

아버지의 말에 어머니도 고개를 끄덕이며 미소로 대답했다.

"나뭇가지를 잡아당긴다는 뜻이잖아요."

그때 놀란 새가 뛰어오르듯 더 높은 가지로 옮겨 갔다. 롤리흘라흘라는 더욱 힘차게 나뭇가지를 흔들어 댔다. 새는 다시 몇 개의 가지를 타고 오르더니 이내 하늘 높이 날아가 버렸다. 순간 나무에서 열매들이 우르르 떨어지기 시작했다.

그 모습을 흐뭇하게 바라보던 아버지가 말했다.

"저것 보라고. 결국에는 뭐든 얻을 수 있는 이름이라니까."

두 사람이 미소를 지으며 바라보는 가운데 롤리흘라흘라와 친구들은 열매를 주우며 까르르 웃어 댔다.

롤리흘라흘라는 1918년 7월 18일 남아프리카 트란스케이 주(州) 수도 움타타의 작은 강변 마을 음베조에서 태어났다. 트란스케이는 코사 족의 한 종족인 템부 사람들의 고향이다. 코사 족은 템부를 비롯해 줄루, 스와지, 음펭구, 소토, 바카, 음폰도 족 등 아홉 개의 작은 종족으로 구성되어 있다. 템부 사람들이 코사 족과 합쳐진 것은 16세기 때의 일이었다. 롤리흘라흘라는 템부 출신이면서 코사 족에 속하는 셈이다.

하지만 남아프리카의 모든 부족은 1961년 5월 남아프리카공화국(Republic of South Africa)을 선언하기까지 영국 정부의 지배를 받아야만 했다. 그 후로도 오랫동안 완전한 자유는 누리지 못했다. 백인 정부에 의한 인종 차별 정책으로 온갖 불이익을 받고 심지어 목숨을 잃기도 했다.

롤리흘라흘라는 넬슨 만델라(Nelson Rolihlahla Mandela)가 태어났을 때 아버지가 지어 준 이름이었다. 코사어로 '나뭇가지를 잡아당기다'라는 뜻이지만 일상에서는 흔히 '말썽꾸러기'라는 의미로 쓰였다.

만델라는 훗날 아버지가 자신의 미래를 예견했다거나 이름이 운명을 바꾼다거나 하는 말은 믿지 않는다고 밝힌 바 있다. 그러나 주변 사람들은 그가 성장하면서 많은 시련을 겪게 되자 이름 때문이라고 생각하기도 했다.

음베조는 드넓은 들판과 계곡 그리고 강들에 둘러싸인 곳이었다. 롤리흘라흘라는 그곳 템부 족 추장의 아들로 태어났다. 템부 족은 목축과 재배를 하며 전통을 이어 온 부족이었다. 하지만 1857년

이후 전쟁과 가난 등으로 세력이 약해질 수밖에 없었다. 그 결과 전통적인 생활도 변했고 수많은 사람이 일자리를 찾아 도시로 떠나버렸다. 그런 현실 속에서 추장인 아버지는 부족의 발전을 위해 여러 일에 노력을 기울였다. 사람들 사이에 분쟁이 벌어지면 부족 관습에 따라 판결했다. 또한 템부 족장에게 조언을 아끼지 않았고, 새로운 족장을 뽑는 데 영향력을 미치는 역할도 맡고 있었다.

어릴 때부터 롤리흘라흘라는 그런 아버지의 모습을 일부 보거나 사람들로부터 들으면서 자랐다. 부족 사람들에게 존경을 받는 아버지를 더욱 자랑스러워했다. 롤리흘라흘라에게 아버지는 닮고 싶은 사람이 될 수밖에 없었다. 더군다나 아버지는 키가 크고 유난히 검은 피부에 체격도 좋은 편이었다. 어린 아들에게 동경의 대상이 되기에 충분했다.

어느 날 롤리흘라흘라는 아버지를 깜짝 놀라게 했다.

"아니 얘야, 너 지금 앞머리가 어찌 된 거냐?"

아버지는 앞머리에 하얀 재를 바르고 나타난 롤리흘라흘라를 보자 당황했다.

"히히, 아버지를 닮고 싶어서요."

아버지의 앞머리 바로 윗부분에 흰머리가 조금 있었는데 그것을 흉내 낸 것이었다.

어머니는 그런 아들의 모습을 바라보며 흡족해했다. 롤리흘라흘라는 어머니에게는 장남이었고 밑으로 여동생 세 명이 있었다. 하지만 아버지가 낳은 전체 아들 넷 가운데에서는 막내아들이었다. 아버지에게는 어머니를 비롯해 모두 네 명의 부인이 있었다. 어머니는 그중 세 번째 부인이었다. 네 명의 부인들은 각자 몇 킬로미터씩 떨어진 오두막에 흩어져 살았다. 아버지는 그 오두막을 차례대로 찾아가 살면서 모두 열세 명의 자녀를 두고 있었다.

어머니는 평소 상상을 펼칠 수 있는 다양한 이야기들을 들려주고는 했다. 아버지가 코사 족 전사의 영웅담이나 역사 속 전쟁 이야기를 주로 했다면 어머니는 전설과 동화들을 알게 해 주었다. 그 속에는 도덕적인 내용이 많이 들어 있었다. 그래서 바른 몸가짐을 갖고 생각을 키우는 데 도움이 되었다.

한편 롤리흘라흘라가 태어난 1918년은 제1차 세계 대전이 끝난 해였다. 공교롭게도 한 해 전인 1917년에는 얀 스뫼츠가 인종 차별 정책을 공개적으로 주장하기도 했다. 그런 역사적 틈바구니에서 출생한 그의 굴곡진 삶의 여정은 어쩌면 당연한 일이었는지도 모른다.

훗날 만델라는 그의 자서전에서 자신이 출생한 해에 벌어졌던 일련의 세계사와 삶의 터전이었던 음베조와의 관계를 이렇게 회상했다.

그해에 전 인류를 공포로 몰아갔던 전염병으로 세계의 수백만 명이 목숨을 잃었다. 또한 남아프리카 흑인들의 불만을 드러내기 위해 아프리카 민족 회의 대표단이 베르사유 평화 회담에 참석했다. 하지만 음베조는 수백 년 동안 삶의 모습에 변화가 없는 외진 곳이었다. 세계에서 벌어진 대사건들과도 멀리 떨어져 있는 마을이었다.

그러나 외진 마을에서 태어난 그는 세계사에 뛰어들 수밖에 없는 운명을 밟아 가기 시작했다.

첫 번째 변화의 바람은 백인에 대한 생각이었다.

새로운 교육의 옷으로 갈아입고

롤리흘라흘라의 어린 시절 남아프리카를 지배하고 있던 세력은 영국이라는 제국주의 국가였다. 수 세기에 걸쳐 유럽의 강대국들은 아프리카를 놓고 서로 통치권을 얻고자 수없이 경쟁을 이어 왔다.

처음 남아프리카로 진출한 것은 네덜란드계 백인들이었다. 보어(Boer)인이라 불린 그들은 남아프리카에 정착했다. 그러나 남아프리카의 실권을 잡은 것은 그들을 물리친 영국이었다. 그 후 영국은 토지를 사용하지 못하게 하는 등 흑인들을 억압하는 온갖 인종 차별 정책을 강화했다.

원래 1870년대까지 서구의 여러 나라는 아프리카에 대한 관심이 높지 않았다. 그러나 벨기에 국왕 레오폴드 2세가 탐험가 스탠리를 아프리카 콩고로 보내면서부터 상황이 달라졌다. 콩고를 탐험하던 스탠리가 그곳 추장과 협정을 맺은 후 벨기에는 본격적으로 아프리카로 진출하게 되었다. 그러자 유럽의 여러 나라가 앞다투어 탐험가를 아프리카로 보내기 시작했다.

'먼저 차지하는 자가 주인이다'라는 정서 속에서 아프리카로의 진출 경쟁은 더욱 치열해졌다. 영국을 비롯해 프랑스, 독일과 같은 유럽 제국들이 아프리카를 놓고 서로 타협하여 나눠 갖기도 했다. 그 결과 가장 큰 영토를 차지하게 된 것이 영국이었다. 1914년 당시 영국이 손에 넣은 식민지는 3,300만 제곱킬로미터였다. 무려 세계 영토의 사분의 일이나 되었고 인구는 4억 5천만 명에 이르는 엄청난 규모였다. 남아프리카와 동아프리카를 비롯해 인도, 싱가포르, 홍콩 등 세계 주요 지역을 지배하게 된 대영 제국, 영국은 그래서 '해가 지지 않는 나라'라는 이름으로 불리기도 했다.

영국뿐만 아니라 1870년에 제국주의가 시작된 프랑스도 19세기 말에 가서는 거대한 식민지 제국이 되었다. 그 후 독일에게 승리한 제1차 세계 대전 전후에는 최고의 영토를 보유하는 전성기를 누리기도 했다. 프랑스의 경우 식민지의 80퍼센트 이상이 아프리카에 집중되어 있었다.

라이베리아와 에티오피아를 제외한 아프리카의 모든 지역이 유럽 제국주의 손아귀에 들어가게 된 것이다.

남아프리카를 지배하게 된 영국은 여러 부족의 정부를 인정했다. 그러나 추장은 부족 안에서의 권력자였지, 겉으로 드러나는 힘은 미약했다. 영국인이 임명한 백인 치안 판사에게 일일이 보고해야 하는 신분에 불과했다. 백인 치안 판사가 갖고 있는 권력은 절대적이었다. 추장보다 높은 지위와 권력을 갖고 모든 결정을 마지막에 내리는 존재였다.

롤리흘라흘라가 태어난 지 얼마 되지 않았을 무렵 아버지와 그 치안 판사 사이에 문제가 벌어졌다.

아버지의 하인 때문에 생긴 일이었다. 하인은 도망친 황소 사건에 자신이 연루된 것이 억울하다며 치안 판사에게 불만을 털어놓았다. 이 일은 아버지를 모함하는 결과가 되었고, 치안 판사는 아버지에게 당장 출두할 것을 명령했다. 하지만 아버지는 가지 않겠다는 강경한 태도를 보였다.

아버지는 부족 안의 문제는 영국 왕의 법이 아닌 템부 족 전통 관습에 따라야 한다고 판단했다. 아무리 치안 판사라고 해도 자신에게 함부로 명령을 내릴 수 없다는 자긍심이 있었다. 만델라가 자서전에서 밝혔듯이 '아버지는 나와 비슷한 성격 부분인 반항성과 엄격한 공정성을 지닌 사람'이었다. 하지만 치안 판사의 명령을 거부한 것은 곧 죄가 되었다.

"그자를 당장 반항 행위로 처벌하라!"

치안 판사는 아버지를 즉각 추장 자리에서 쫓아냈다. 자세한 조사나 신문 과정 따위는 없었다. 그런 배려와 절차는 백인들 사이에서나 있는 일이었다.

아버지는 땅과 가축마저 모두 빼앗겼다. 하루아침에 지위와 재산을 한꺼번에 잃고 말았다. 더군다나 음베조의 북쪽에 있는 쿠누라는 인구 수가 수백 명에 불과한 작은 마을로 이사해야만 했다. 거의 빈손으로 옮겨 간 곳이라 생활은 예전보다 궁핍할 수밖에 없었다.

원뿔형 지붕을 인 오두막집에서 살게 되었다. 바닥에 앉아 밥을 먹고 그곳에 담요를 깔고 잤다. 먹는 것도 옥수수와 콩이 전부였다. 옥수수를 갈아 빵을 만들거나 죽을 쑤었다. 그마저도 늘 풍족하지 못했는데, 소와 염소의 젖을 얻을 수 있어 그나마 다행이었다. 집안일은 모두 여자들의 몫이었다. 남자들은 마을에서 꽤 먼 농장이나 광산으로 가서 하루 종일 일을 했다. 임금은 보잘것없어서 겨우 부족한 옥수수를 살 수 있을 정도였다.

어려운 생활이었지만 롤리흘라흘라는 응석받이 어린아이로 어머니 곁에만 머물지 않았다. 다섯 살 때부터 초원으로 나가 송아지를 돌보는 목동이 되었다. 또한 마을 친구들과 어울리며 누구보다 씩씩하게 유년의 시간들을 채워 나갔다.

새총을 만들어 작은 새를 사냥했고 강에서 수영하는 법과 낚시

법도 배웠다. 먹을 수 있는 나무뿌리가 무엇인지 터득했으며 방금 소에서 짠 신선한 우유를 마시는 법도 알아 나갔다.

무엇보다 신나는 일은 소년들에게 반드시 필요한 기술 가운데 하나인 막대기 싸움이었다. 상대의 막대기 공격을 요령 있게 피하는 방법과 속임수를 써서 다른 곳을 공격하는 기술을 배웠다. 위기에 처했을 때 신속히 도망치는 등 다양한 싸움 기술도 몸에 익힐 수 있었다. 부족의 관습과 전통 속에서 생각하고 행동하는 일에 익숙해져 갔다.

롤리흘라흘라는 모든 것을 자연과 실생활에서 배워 나갔다. 그 속에서 스스로 관찰하고 터득하는 것으로 지식을 얻을 수밖에 없는 현실이었다. 궁금한 점이 있어도 쉽게 어른들에게 질문하지 못했다. 오직 따라하고 따라잡는 체험 속에서 배우는 것이 유일한 교육이었다. 그래서 처음 백인 가정을 방문했을 때 깜짝 놀랄 수밖에 없었다. 아이들은 끊임없이 질문을 했고 부모는 그럴 때마다 친절하게 대답을 해 주었다.

'우리 집에서는 질문을 하면 귀찮게 여기고, 우리에게 꼭 필요한 일에만 어른들이 대답을 해 주는데…….'

롤리흘라흘라는 차츰 백인들의 생활방식과 사고방식에 대해 골몰하게 되었다. 쿠누에서 만난 몇몇 백인들이 신과 같은 존재로 보이기 시작했다. 그것은 두려움과 존경이라는 두 가지 마음이 빚어 낸 복잡한 것이기도 했다.

이상하게도 백인들 앞에서는 용기가 나지 않았다. 그들이 시키는 심부름 정도는 으레 해야 하는 일로까지 여기게 되었다. 그들은 필요한 일이 있으면 당연하다는 듯 흑인 소년들을 불러 세웠다. 심지어 어른들에게까지 서슴지 않고 명령을 했다. 식료품 따위를 사오게 하거나 자기 집에 물건을 가져다 놓게 하는 일 등이었다. 그럴 때마다 흑인들은 말없이 시키는 대로 했다. 바람에 날아간 백인의 모자를 대신 주워 오면서도 아무런 불평을 하지 않았다. 만델라도 별 생각 없이 백인들의 손가락 끝을 따라 바쁘게 달렸던 적이 있었다. 그때는 그것이 모멸감을 주는 치욕스러운 일이라는 것을 미처 깨닫지 못했다.

성장하면서 백인들에 대한 생각과 관계의 의미가 달라졌다. 자신의 삶에서 그들의 역할은 더 이상 절대적이지 못했다.

작은 쿠누 마을에서의 교육은 한계가 있었다. 자연에서 습득하고 어른들로부터 듣는 이야기가 전부였다. 하지만 함께 살고 있는 음펭구 족의 사정은 달랐다. 그들은 19세기 초반에 이주해 온 사람들로 코사 족에게 멸시를 당해 왔었다. 그런데 어느 날부터 달라지기 시작했다. 전통을 벗어 버리고 새로운 유럽식 문화를 받아들인 것이다.

그들이 가장 먼저 백인들에게서 배운 것은 기독교와 영어였다.

전통 복장 대신 백인들과 같은 외모를 갖추었고 사는 곳도 유럽식 주택으로 바꾸었다. 직업도 상대적으로 보수가 많은 종교 지도자, 교사, 경찰, 사무원 등으로 탈바꿈했다. 그럴수록 코사 족은 그들을 경멸하고 적대시했다. 하지만 그의 아버지는 예외였다.

"다른 사람들 모두 음펭구 족을 싫어하지만 너는 그래서는 안 된다. 사람은 출신이 아니라 어떤 생각과 행동을 하느냐에 따라 가치가 있는 것이다."

아버지는 기독교인인 음펭구 족의 음베켈라 형제와도 친하게 지냈다. 그렇다고 기독교를 받아들이거나 그들의 사고방식에까지 관심을 기울이지는 않았다. 기독교와 관계를 맺은 사람은 오히려 어머니였다. 음베켈라 형제들에게 기독교를 처음 접하게 된 어머니는 곧 믿음을 보이기 시작했다.

"마을 옆에 세워진 감리교 학교에서 교육을 받는다면 아이들의 미래도 달라질 것입니다."

음베켈라 형제들의 설득으로 결국 롤리흘라흘라도 일곱 살 때 세례를 받게 되었다. 학교에서 공부도 할 수 있게 되었는데 아버지는 반대하지 않았다. 자신이 교육을 받지 못한 것에 대한 아쉬움 때문인지 롤리흘라흘라에 대한 결정을 미루지 않았다.

학교는 쿠누 마을 언덕 건너편에 있었다. 서양식 지붕을 인 한 칸짜리 교실이 전부였지만 롤리흘라흘라에게는 모든 것이 새로웠다.

"오늘부터 학교에서는 각자 그 이름을 사용해야 한다."

교사가 학생들에게 영국식 이름을 지어 주는 것으로 첫 수업이 시작되었다.

롤리흘라흘라의 새로운 이름은 넬슨(Nelson)이었다. 당시 아프리카 사람들 사이에서는 영국식 이름을 갖는 것이 하나의 관습처럼 되어 버린 일이기도 했다. 그래서 그 후 후손들까지 아프리카식 이름과 영국식 이름을 각각 갖고 살아가야 했다.

새로운 영국식 교육을 받으며 롤리흘라흘라는 혼란스러웠다. 낯선 그들의 사고방식을 주입받아야 했기 때문이다. 사실 흑인에 대한 인종 차별 정책의 하나로 백인들은 교육을 악용하기도 했다. 백인을 위해 봉사하는 일만 가르친 것이다. 흑인들은 학문은커녕 읽고 쓰는 것조차 모르는 존재가 되기 일쑤였다. 또한 흑인의 종교와 문화를 미신적이고 야만적이라고 가르쳤다. 그 때문에 흑인들은 자신의 존재를 소중하게 여기지 못하는 처지가 되기도 했다.

영국은 모든 면에서 아프리카보다 월등하다는 것이 교육의 중심이었다. 이상과 문화와 제도 등 모든 분야에서 아프리카가 감히 넘볼 수 없는 위대한 존재로 각인되었다.

'정말 영국이 그렇게 강하고 우리보다 뛰어난 나라란 말인가?'

롤리흘라흘라는 그런 생각이 들 때마다 무심코 자신이 입고 있는 옷을 확인했다. 옷을 단정히 입어야 한다며 아버지가 등교 전날 직접 내준 낡은 바지와 셔츠였다. 다른 아이들이 담요 한 장을 어깨서부터 걸쳐 입고 있는 것과는 다른 모습이었다.

"롤리흘라흘라가 영국 관리처럼 옷을 입었다!"

"히히히, 그런데 셔츠는 낡고 바지는 커서 헐렁헐렁해!"

첫날부터 아이들에게 놀림감이 되기도 했지만 롤리흘라흘라는 자랑스러웠다. 아버지가 자신의 바지를 길이에 맞게 자른 뒤 입혀 주었기 때문이다. 허리가 너무 크자 직접 줄로 묶어 주기까지 했었다.

훗날 만델라는 그때 아버지가 줄여 준 바지보다 더 자랑스러운 양복을 입어 본 적이 없다고 말했다. 하지만 당시에는 바지가 거추장스럽게 여겨지기도 했다. 단순히 아이들에게 놀림감이 되었기 때문이 아니다. 그 옷을 입고 영국식 교육을 받고 있는 자신과 그 속에서 차츰 생겨나는 혼란이 원인이었다.

낯선 곳에서 꿈을 품다

아홉 살이 될 때까지 만델라는 새로운 교육을 통해 많은 것을 배울 수 있었다. 그럴수록 여전히 풀리지 않는 의문과 질문들이 가슴에 가득 들어찼다.

'무엇이든지 영국이란 나라를 따라서 해야 한단 말인가?'

어린 만델라는 혼란의 소용돌이에 빠졌다. 그런데 그해 전혀 예상하지 못했던 또 다른 혼란과 변화가 기다리고 있었다.

네 명의 부인들을 차례로 찾아가 머물던 아버지가 예정도 없이 불쑥 집으로 온 일이 있었다. 반가운 마음에 만델라는 한숨에 달려갔지만 아버지는 다른 때와는 달리 축 가라앉은 모습이었다. 아버지는 겨우 만델라의 어깨를 짚어 주더니 오두막으로 들어가 버렸다.

아버지는 며칠 동안 힘없이 누운 채로 연신 기침만 해 댔다. 아버지는 허파에 병이 나서 오랫동안 고생을 해 왔다. 병원에 가지 않은 탓에 병명이 무엇인지 아무도 몰랐다. 적절한 치료는커녕 어떤 것들이 해롭고 이로운지조차 정확히 판단하기 어려운 형편이었다.

어느 날 병세가 더욱 악화된 아버지는 뜻밖에도 평소 즐기던 담배를 찾았다. 그때 마침 함께 지내려고 찾아온 네 번째 부인이 펄쩍 뛰며 만류했다. 어머니 역시 아버지에게 담배를 주는 것은 어리석은 일이라며 반대했다.

아버지가 밤늦도록 계속 담배를 찾자 어머니와 네 번째 부인은 다시 고민에 빠졌다. 상의 끝에 네 번째 부인이 파이프에 담배를 채워 아버지에게 내밀 수밖에 없었다. 아버지는 담배 한 모금을 깊이 빨아들이더니 눈을 감은 채 평온한 얼굴을 했다. 하지만 그것은 모두를 안심시키는 표정이 아니었다.

한 시간 정도 파이프를 물고 있던 아버지는 담배 불씨가 사그라지기 전에 숨을 거두고 말았다.

"아, 아버지!"

만델라는 커다란 충격에 빠졌다. 훗날 '그렇게 큰 슬픔을 경험해 본 적이 없다'고 할 정도였다. 만델라에게 어머니가 의지할 곳이었다면 아버지는 자신을 형성시켜 준 존재였다. 그래서 아버지의 죽음은 감당하기 어려운 시련이었다.

아버지의 장례식이 끝나자 어머니가 조용히 말했다.

"너는 이제 쿠누를 떠나야 한다."

"……."

만델라는 그 이유를 묻지 않았다. 어디로 가야 하는지도 알려고 하지 않았다. 그동안 영국식 교육을 받았지만 여전히 어른들에게 질문하는 방식에 익숙하지 못했다.

아쉬움과 그리움을 남긴 채 만델라는 어머니와 함께 집을 떠났다. 만델라는 자꾸만 뒤돌아 멀어져 가는 마을을 바라보았다. 어머니의 사랑이 가득했던 오두막이 시선에서 오래도록 떨어지지 않았다. 그곳에 작별 키스를 하지 못하고 떠나온 것이 후회되기도 했다.

아침 일찍 집을 나선 걸음은 해가 질 무렵에서야 한 마을 입구에 닿았다. 계곡 아래에 자리한 나무숲으로 둘러싸인 큰 마을이었다.

"와, 어머니. 저 집 좀 보세요!"

만델라를 놀라게 한 것은 마을 한가운데 있는 커다란 집이었다. 난생처음 보는 크고 아름다운 집 앞에서 입을 다물 수가 없었다. 가 건물도 여러 채 거느린 직사각형으로 된 두 채의 저택이었다. 건물 앞은 넓은 뜰로 이루어져 있고 온갖 나무들이 울타리가 되어 주었다. 건물 뒤 정원에도 사과나무가 심어져 있었다. 울긋불긋 꽃밭과 채소밭도 조성되어 있어 작은 숲 하나를 그대로 옮겨 놓은 듯했다.

저택과 멀지 않은 곳에 흰색으로 칠해진 교회 건물도 보였다.

눈에 보이는 모든 것이 아름다웠다. 부와 권력을 한눈에 알 수 있게 해 주었다. 만델라가 어리둥절한 표정으로 서 있는 곳이 바로 템불란드(템부 족 영토)의 임시 수도 음케케즈웨니였다.

잠시 후 요란한 소리를 내며 커다란 자동차 한 대가 들어왔다. 나무 그늘에 모여 있던 사람들이 일제히 일어나 모자를 벗고 그쪽으로 뛰어갔다.

"욘긴타바 만세!"

그들은 맨발로 뛰어가며 족장에게나 하는 전통 인사를 외쳐 댔다. 만델라도 호기심이 발동해 그곳으로 천천히 걸어갔다. 자동차가 멈추더니 곧 한 사람이 모습을 보였다. 그는 고급스러워 보이는 정장 차림의 작달막하고 뚱뚱한 사내였다. 만델라는 순간 그가 대단한 인물이라는 것을 느낄 수 있었다.

그의 이름은 '산을 바라보는 사람'이라는 뜻을 가진 욘긴타바였다. 그를 향해 만세를 외치며 달려갔던 사람들이 템부 최고 재판소 판사들이라는 사실도 알게 되었다. 욘긴타바는 바로 템부 족장, 즉 부족의 왕이었다. 저택은 바로 그의 왕궁이었다.

만델라는 어마어마한 왕궁과 욘긴타바를 번갈아 쳐다보았다. 순간 가슴속에 가득 들어차는 뭉클한 기운에 몸을 떨었다. 왠지 자신도 곧 엄청난 권력을 지닌 사람이 될 것만 같았다. 부자가 되고 모든 사람에게 존경받는, 명예로운 이름을 남길 수 있을 것도 같았다.

'난 막대기 싸움에서 최고가 되는 것보다 더 큰 일을 해낼 수 있을 거야!'

욘긴타바가 기꺼이 만델라를 맡겠다고 한 데는 이유가 있었다. 그가 족장이 될 수 있었던 것은 만델라 아버지가 적극적으로 지지해 준 덕분이었다. 그 은혜를 갚고자 자신의 아이들과 차별 없이 잘 키우겠다며 만델라 어머니를 설득했던 것이다. 어머니도 자식을 보다 나은 환경에서 교육시키고 싶은 마음에 제의를 받아들였다. 사실상 만델라는 욘긴타바의 양자나 다를 바 없게 되었다.

만델라와 어머니는 이틀에 걸쳐 마을로부터 융숭한 대접을 받았다. 그러나 어머니는 다음 날 다시 쿠누로 돌아가야만 했다.

"어떤 상황에서든 항상 힘을 내어라. 내 아들아."

아버지가 평소 더 큰 세상으로 나가기를 원했던 것처럼 어머니 역시 만델라의 미래를 늘 걱정했다. 어머니의 마음을 잘 알고 있었던 만델라는 어린아이처럼 이별을 두려워하지 않았다. 오히려 자신의 미래에 대한 기대감이 샘솟았다. 처음 학교에 다니며 바지 때문에 놀림감이 되고 스스로 고민에 빠졌던 때와는 달랐다.

만델라는 왕궁 바로 옆에 있는 작은 학교에 다녔다. 혼자 남겨진 처지였지만 새로운 환경에 빠르게 적응해 갔다. 코사어는 물론 영어와 역사 그리고 지리 등을 배웠다. 열심히 수업을 듣고 배운 것을 잊지 않기 위해 노력했다. 그 결과 학생들 가운데 늘 일등이었다. 훗날 그가 밝혔듯이 자신이 공부를 잘한 이유는 '똑똑해서가 아니라 열심히 했기 때문'이었다.

공부를 잘하는 만델라였지만 아직 그곳 아이들에게는 촌스럽게만 비쳐졌다.

"네가 왕궁에서 얼마나 버티는지 한번 볼까?"

"시골뜨기는 이런 곳에서 살 자격이 없어!"

아이들의 놀림이 계속되자 만델라는 당당함을 보여 주고 싶었다. 음케케즈웨니에서 가장 예쁘다고 알려진 소녀에게 사귀고 싶다는 마음을 전했다. 뜻밖에도 소녀가 만델라에게 관심을 보여 몇 번 만나게 되었다. 아이들은 믿을 수 없는 일이라면서도 한편으론 부러워했다. 그런데 소녀의 언니가 반대를 하고 나섰다. 만델라가 미개인이라는 게 이유였다. 소녀가 말을 듣지 않자 어느 날 언니가 만델라를 집으로 불렀다. 식사 초대였는데 만델라는 한 가지 걱정 때문에 망설였다.

'난 아직 포크와 나이프를 사용할 줄 모르는데……'

고민 끝에 겨우 용기 내어 찾아갔지만 걱정은 현실로 나타났다. 식탁에 앉자 언니가 닭 날개 요리가 담긴 접시를 만델라 앞에 내려놓았다. 당연히 그 옆에는 포크와 나이프가 나란히 놓여 있었다.

잔뜩 긴장한 만델라는 일단 포크로 닭 날개를 조심스럽게 찔러

보았다. 일부러 그랬는지 닭 날개는 식어서 딱딱하게 굳은 상태였다. 만델라는 침착하게 다른 사람들이 하는 동작을 눈여겨보았다가 그대로 따라했다. 하지만 생각처럼 되지 않고 닭 날개는 접시 위에서 이리저리 돌아다녔다. 결국 힘을 주어 자르려다 그만 미끄러져 닭 날개가 접시 밖으로 떨어지고 말았다.

"호호호, 저것 보라고. 내 말대로 저 아이는 미개인이야. 그런데도 또 만날 거니?"

기다렸다는 듯이 언니가 큰 소리로 비아냥거리기 시작했다. 소녀는 어쩔 줄 모른 채 고개를 숙이더니 말이 없었다. 언니가 자신을 초대한 이유를 확실히 깨달은 만델라는 도망치고 싶은 심정이었다. 하지만 아이들에게 더 심한 놀림감이 되고 싶지는 않았다.

만델라는 비웃고 있는 소녀의 가족들을 한차례 둘러보았다. 그리곤 손으로 덥석 닭 날개를 집어 들었다. 손에 든 그것을 쩝쩝 소리까지 내며 맛있게 먹기 시작했다. 모두들 입을 떠억 벌린 채 눈을 동그랗게 떴다. 만델라는 비록 체면은 구겼지만 굶는 일만은 피할 수 있었다.

소녀의 언니는 그 후로도 끝까지 만델라를 반대했다. 만델라를 만나면 인생을 낭비하게 될 거라는 말까지 서슴없이 할 정도였다. 만델라는 사람은 출신이 아닌 그의 생각과 행동에 따라 평가되고 가치가 생긴다는 아버지의 말을 떠올렸다.

그때의 일을 만델라는 위트와 여유로 회상한 적이 있다.

그 후 소녀와 나는 다른 길을 걷게 되면서 헤어졌다. 그런데 그 소녀는 나중에 언니의 말을 듣지 않고 나처럼 미개한 사람과 사랑에 빠져 행복하게 잘 살았다. 우리는 몇 년 동안 편지로 안부를 전하다가 그마저 끊어졌다. 하지만 그때는 내 식탁 예절도 상당히 발전된 뒤였다.

훌륭한 지도자와 어른이 되기 위하여

만델라는 더 확실히 음케케즈웨니에 적응하기로 결심했다. 다양한 체험들을 하면서 사람들과 친해지고자 노력했다. 공부만 잘해서는 인정받고 존경받을 수 없다는 생각이었다.

학교에 가지 않는 날에는 다른 사람들과 똑같이 일을 했다. 양 떼 돌보기, 쟁기로 밭 갈기, 마차 끌기 등이었다. 말을 타고 들판을 신나게 달렸고 새총을 만들어 또래 친구들과 즐거운 시간도 보냈다.

욘긴타바 아들 저스티스와의 만남도 기분 좋은 일 가운데 하나였다. 네 살 위인 그는 만델라에게 아버지를 제외한 최초의 영웅이었다. 만델라는 모든 면에서 그를 존경하고 따르게 되었다. 그는 이미 1백여 킬로미터나 떨어진 기숙 학교에 다니고 있었다.

저스티스는 잘생긴 얼굴에 키도 컸다. 당당한 체격을 갖고 있는 뛰어난 운동선수이기도 했다. 축구와 럭비를 비롯해 육상과 크리켓 등 못하는 운동이 없었다. 멋쟁이에다 춤 솜씨마저 남달라서 많은 소녀에게 인기가 높았다.

만델라가 가장 부러웠던 것은 자신과 다른 성격이었다. 신중하고 내성적인 자신에 비해 그는 활달하고 외향적이었다. 만델라는 그를 보면서 자신의 미래도 상상해 볼 수 있었다. 그가 족장이 되면 아버지처럼 곁에서 도움을 주는 든든한 존재가 되리라는 꿈이었다.

가장 큰 변화는 매주 일요일마다 교회에 나가는 일이었다. 쿠누에서는 어머니가 원했고 기뻐했던 일이라 어쩔 수 없이 겨우 나갔다. 하지만 음케케즈웨니에서는 생활의 한 부분이 되고 말았다. 일요일이면 욘긴타바 부부를 따라서 교회에 나갔다.

한번은 마을 아이들과 문제가 생겨 싸움이 벌어졌다. 만델라는 아버지를 닮아 또래보다 키가 큰 편이었는데 이따금 그것이 싸움의 빌미가 되고는 했다. 그때 만델라는 몰래 일요 예배를 빠진 채 마을 근처 숲 속에서 아이들과 흙투성이가 되도록 뒹굴었다. 만델라는 곧 후회를 했는데 그날 이후 예배에 불참하는 일은 더 이상 없었다.

하지만 엉뚱한 일로 목사에게 꾸지람을 듣게 되었다.

"우리 집 정원에 몰래 들어와 옥수수를 따서 구워 먹었다지?"

모든 것을 알고 있는 목사의 다그침에 만델라는 변명할 여지가 없었다. 알고 보니 어떤 소녀가 그 광경을 보고는 당장 목사에게 일러바쳤던 것이다. 잘못을 뉘우치자 목사는 너그럽게 용서를 해 주었다. 하지만 그 일은 욘긴타바 부인의 귀에까지 전해지고 말았다.

저녁 무렵 기도 시간에 부인이 만델라의 잘못을 꾸짖었다.

"신의 가난한 종에게서 음식을 훔치는 일은 나쁘다. 너는 물론 가족의 명예를 더럽히는 일이야. 마귀도 네가 한 일을 죄악으로 여길 것이니 잘 새겨들어라."

"……예."

만델라는 많은 것을 깨달았다. 일요 예배 때 싸움을 하고 후회한 것보다 더 큰 죄책감이 몰려왔다. 정말 신에게서 벌을 받을지도 모른다는 두려움이 생겨났다. 무엇보다 자신을 돌보아 주는 사람들에게 믿음을 주지 못했다는 사실이 부끄러웠다.

아직 모든 면에서 부족하고 성숙되지 못한 만델라를 바로잡아 주고 있는 사람은 역시 욘긴타바였다. 그는 흑인들은 물론 백인들에게까지 존경받는 인물이었다. 누구도 넘볼 수 없는 막강한 권력을 갖고 있기도 했다. 하지만 독재와는 거리가 먼 자유와 화합을 부르는 힘이었다. 그래서 만델라는 자신의 리더십은 욘긴타바와 그를 따르는 여러 사람을 보고 연구한 결과라고 말한 적이 있다.

만델라는 왕궁에서 열리는 부족 회의를 보며 많은 것을 배울 수 있었다. 회의에서는 가뭄과 가축들의 병해 그리고 행정관의 정책과 새로운 법 등 부족의 문제들을 토론했다. 템부 족 사람들은 모두 자유롭게 참석했다. 강압적인 모습은 전혀 찾아볼 수 없는 분위기였다. 합의에 동의하지 않는다고 해서 강요하는 일도 없었다. 의견이 하나로 모아지지 않으면 다시 회의를 소집하는 것으로 결론을 지었다.

그때의 경험은 만델라의 사상에 튼튼한 주춧돌이 되었다.

회의에서 발언하고 싶은 사람이라면 누구나 그 기회를 가졌다. 그것은 가장 순수한 모습의 민주주의였다. 발언자들은 추장, 제사장, 전사, 신하, 상점 주인, 농부, 노동자 등 지위가 다양했고 신분의 차이도 있었다. 그러나 누구라도 상관없이 공평하게 발언했다. 모든 사람이 자유롭게 자신의 의견을 말할 수 있다는 것은 대단히 가치 있는 일이었다.

한편 부족 회의에는 여유로움과 즐거움이 빠지지 않았다. 온갖 음식들이 차려져 모두가 즐겁게 식사를 할 수 있었다. 음유 시인이 등장해 고대 왕들을 찬양하는 시를 읊었다. 참석한 추장들과 사람들을 칭찬하거나 풍자하는 노래로 웃음바다를 만들기도 했다.

모든 것이 욘긴타바의 통솔 아래 벌어지는 일이라 만델라는 더욱 그를 존경하게 되었다. 그에게서 배운 리더십을 만델라는 소중히 간직했고 그대로 실천하려고 노력했다. 자신의 의견을 말하기 전에 모든 사람의 발언에 귀를 기울이는 습관을 들였다. 지도자는 목동과 같다는 그의 말을 늘 되새기는 일도 잊지 않았다.

목동은 양 떼 뒤에 서서 재빠른 양들이 앞서 가도록 하고 나머지들이 그 뒤를 따르게 하지만 양들은 항상 뒤에서 누군가 길을 내주고 안내하는 것을 모른다.

만델라는 아프리카 역사에 대해서도 관심을 갖고 열심히 공부하기 시작했다.

그 과정에서 추장들이 들려주는 이야기를 통해 뼈아픈 역사를 절실히 깨달을 수 있었다. 백인들이 바다를 건너와 총과 대포를 쏘아 대기 전까지 아프리카는 평화 그 자체였다는 사실에 만델라는 많은 생각에 사로잡혔다.

그 전에는 코사, 템부, 줄루, 음폰도 족 등이 모두 한 아버지의 아들들이며 형제처럼 지냈다는 사실도 알게 되었다. 부족 간의 평화를 파괴하고 토지까지 빼앗은 것이 백인들이라는 것에 치를 떨었다.

사람들이 잘못된 아프리카 역사에 가려져 미래를 보지 못하고 있다는 현실이 가장 안타까웠다. 만델라는 자신이 해야 할 일을 조금 더 구체적으로 그려 볼 수 있었다.

'더 많은 사람에게 올바른 역사를 가르쳐야 해. 그리고 다시는 이 땅에 그런 비극이 있게 해서는 절대 안 돼!'

만델라는 소년의 틀을 벗고 차츰 건장한 청년으로 거듭나고 있었다. 자신이 해야 할 일들이 너무 많다는 자각에 빨리 어른이 되고 싶다는 조급함마저 생겨났다.

만델라의 바람처럼 보다 성숙한 청년으로 거듭날 기회가 찾아왔다. 다른 소년들처럼 성인식을 치러야 했는데 걱정과 두려움이 앞서기도 했다. 그것은 그저 기도를 하거나 지루한 의식을 참아 내는 것과는 차원이 달랐기 때문이다. 할례, 즉 육체적인 고통이 기다리고 있었다.

만델라는 마음이 진정되지 않자 친구들을 모아 놓고 속내를 털어놓았다.

"어떡하지? 무척 아프다고 하던데……."

만델라의 말에 역시 성인식을 앞두고 있는 친구가 몸을 한차례 부르르 떨며 말했다.

"맹수 떼를 공격하거나 다른 부족들과 전투를 벌이기도 한대."

다른 친구가 나서며 말했다.

"그건 옛날에나 했었던 일이고 지금은 그냥 놀이처럼 전투를 하는 흉내만 내는 거라고."

몸을 떨어 대던 친구가 밤하늘을 올려다보며 깊은 한숨을 내쉬었다.

"다른 것은 몰라도 할례는 참을 수 없을 만큼 아프다는데 정말 걱정이다."

그러자 만델라를 비롯해 모두가 눈을 감고는 오랫동안 아무런 말이 없었다.

다음 날 만델라를 비롯해 스무 명이 넘는 소년들이 강둑에 모였다. 모두 온몸의 털이 말끔히 깎인 채 백토 물감으로 칠해진 상태였다. 담요 하나씩만 어깨에 걸치고 자신의 차례를 기다렸다.

만델라는 이미 열여섯 살로 청년에 버금가는 몸을 갖고 있었다. 하지만 전통을 중시하는 부족의 시각에서는 아직 성인이 아니었다. 할례를 통한 성인식을 거쳐야만 비로소 성인이 될 수 있었다.

할례를 해야 재산을 물려받을 수 있는 상속자가 되었다. 부족 의식에 참가할 수 있고 결혼할 수 있는 자격도 주어졌다. 할례는 단순한 수술의 차원이 아니라 책임 있는 성인 남자가 되기 위한 의식이었다. 한편 소년의 용기와 강인함을 시험하는 의식이기도 했다. 마취제도 없이 묵묵히 그 고통을 참아 내야만 했기 때문이다.

"난 이미 상속을 받았는데…… 아버지의 전 재산인 체격과 태도,

고집스러운 성격까지 다 물려받았거든."

만델라가 긴장을 덜어 내리고 농담처럼 말했다. 그러자 옆에 있던 친구가 미간을 찌푸리며 속삭였다.

"지금이라도 달아날까?"

"어디, 탄광으로? 그래도 어른이 되고 장가도 가야지."

그때 한 소년이 나오더니 무릎을 꿇고 앉았다. 모두들 숨을 죽인 채 잔뜩 긴장한 얼굴을 했다. 가느다란 창을 든 할례 전문가 노인이 등장했다. 노인이 소년의 앞으로 천천히 다가갔다.

"은디인도다!"

잠시 후 소년의 외침이 울려 퍼졌다. 음경의 표피를 앞으로 잡아당겨 창날로 자른 순간이었다. 은디인도다는 '나는 남자다'라는 뜻으로 할례가 이루어지는 순간 소년들은 그 말을 크게 외쳐야 했다.

만델라는 다급히 소년의 상태를 확인했다. 조금 추운 날씨였는데도 소년의 얼굴에는 어느새 땀방울이 송골송골 맺혀 있었다.

드디어 만델라 차례였다. 만델라는 용기를 내자며 다짐했다. 성인 남자로 태어나는 순간 비겁하거나 옹졸한 모습을 보이고 싶지 않았다.

"이제 멋진 어른이 되는 거다."

그때 욘긴타바가 다가오더니 만델라의 어깨를 짚었다. 그를 보자 더욱 용기가 생겼다.

만델라는 당당하게 앞으로 걸어 나갔다. 노인의 손에 들린 날이 선 창을 보자 조금 움찔했다. 크게 심호흡을 하며 긴장을 덜어 냈다. 이윽고 만델라의 몸에서 소년의 흔적이 잘려 나갔다.

"으……."

만델라는 이를 으물었다. 예리한 느낌이 한차례 아랫도리를 훑고 지나가는가 싶더니 이내 심한 아픔이 몰려왔다.

"은디인도다!"

만델라는 자신이 남자가 되었음을 세상에 알리듯 소리쳤다. 그러나 통증이 시작될 때마다 표정은 일그러지기 시작했다. 만델라는 모든 생각과 의식을 한곳으로 모으기 위해 노력했다.

'참아 내야 해. 난 이제 어른이란 말이야!'

할례를 마친 소년들은 상처가 아물 때까지 마을 근처 오두막에서 지냈다. 그곳에서 지낸 뒤 그동안 사용했던 모든 물건과 함께 오두막을 불태웠다. 소년 시절과 연결된 것들이 영원히 사라지는 순간이었다. 할례 의식이 모두 끝나자 욘긴타바가 조용히 물었다.

"앞으로의 진로에 대해 생각해 보았느냐?"

만델라는 서슴없이 자신의 생각을 전했다.

"여건만 허락된다면 공부를 계속하고 싶습니다."

욘긴타바의 표정이 밝아졌다.

"그래, 넌 자신의 이름조차 쓸 줄 모른 채 백인들의 광산으로 가서 평생 고생할 사람이 아니다."

만델라는 다시 한 번 자신이 해야 할 일을 되짚었다. 아버지가 그랬던 것처럼 족장을 돕는 조언자 역할을 할 생각이었다. 그러자면 지금보다 더 깊이 있는 공부와 많은 사람과의 만남이 필요했다.

만델라는 욘긴타바가 직접 모는 자동차에 가방을 실었다. 엥코보 지역에 있는 기숙 학교에 입학하기 위해서였다.

1825년에 세워진 클라크베리 기숙 학교는 트란스케이에서 가장 오래된 전통 있는 선교 학교이자 아프리카인의 최고 교육 기관이었다. 중등 과정과 사범 학교 과정이 함께 있었고 재단, 목공 등의 실용적인 과목들도 가르쳤다.

누구보다 기뻐한 사람은 욘긴타바였다.

"나도 그 학교를 다녔으니 넌 이제 내 후배가 되는 셈이야. 하하하……."

만델라는 차창 밖을 보다 문득 생각이 나서 자신의 발을 확인했다. 욘긴타바가 성인이 되고 기숙 학교에 입학한 것을 축하한다며 선물한 구두였다. 만델라는 아침에 정성껏 닦았던 구두를 다시 한 번 손바닥으로 문질렀다. 반짝반짝 빛나는 구두에서 자신의 미래를 예감하려는 듯 오래 바라보았다.

빛이 나는 사람이 되고 싶었다. 혼자만의 빛이 아닌 모두에게 밝음을 줄 수 있는 그런 존재로 완성되기를 원했다. 만델라는 다시 새롭게 펼쳐질 세상을 향해 가슴을 활짝 열고 있었다.

만델라가 정규 교육을 계속 이어 나갈 수 있었던 것은 행운이었다. 보통은 2년 남짓 교육을 받고 성인식을 치른 뒤 탄광 등에서 노동을 하며 살아가야 했다. 그런 소년들과 운명이 달랐던 만델라는 잠시 엉뚱한 생각에 빠지고 말았다. 자신은 선택을 받았고 그래서 특별한 존재라는 자만이었다.

클라크베리 기숙 학교 입학 첫날부터 그런 착각은 여지없이 무너지고 말았다. 그곳에 다니고 있는 학생들 대부분은 질 높은 교육을 받아 온 엘리트들이었다. 더군다나 그들은 고향에서 존경받는 집안의 자식들이기도 했다.

만델라는 오히려 자신이 작아진 느낌에 위축이 되었다. 모든 면에서 부족하다는 것을 깨달았다. 자신을 한층 성장시키고 꿈을 이룰 수 있는 길은 역시 공부밖에 없었다.

만델라는 누구보다 열심히 학업에 매달려 좋은 성적을 올렸다. 보통 3년 걸리는 중등 과정을 2년 만에 마칠 수 있었다. 지식을 쌓은 만큼 스스로 터득한 진리도 있었다. 세상은 생각보다 더 넓다는 사실이었다. 그 넓은 세상을 향해 한 걸음 더 나아갈 기회가 찾아왔다.

클라크베리를 졸업한 만델라는 움타타 남서쪽 보퍼트 요새에 위치한 힐드타운 대학에 진학했다. 만델라의 나이 열아홉 살 때로

1937년의 일이었다.

보퍼트는 원래 코사 족들이 농사를 지으며 살던 터전이었다. 하지만 전쟁의 결과 영국인 요새이자 백인들의 정착지로 변해 버렸다.

힐드타운 대학은 클라크베리보다 더 아름답고 인상적인 곳이었다. 학생 수가 1천여 명이나 되는 큰 학교이기도 했다. 그곳에서 저스티스와 다시 만나게 된 것은 무엇보다 반가운 일이었다.

소년 시절 우상이면서 친구였던 저스티스는 더욱 멋진 청년으로 변해 있었다. 여전히 여학생들에게 인기 좋은 멋쟁이 만능 스포츠맨이었다. 하지만 아쉽게도 학교생활이 엄격하고 여유가 없어 만날 시간이 많지 않았다.

2장

청년 만델라가 가는 길

검은 영국인이 될 수 없는 이유

아침 6시에 기상 종이 울리면 식당으로 가서 마른 빵과 뜨거운 설탕물을 먹는 일로 하루를 시작했다. 여유가 있는 사람은 개인적으로 버터를 구입해 먹을 수 있었다. 만델라는 맨 빵만으로 만족할 수밖에 없는 처지였다. 학비를 대 주고 있는 욘긴타바를 위해서라도 용돈을 아껴 써야 했다.

수업은 점심시간 때까지 이어졌다. 옥수수 죽이나 우유 등으로 점심 식사를 마치면 오후 5시까지 다시 수업을 들어야 했다. 중간에 한 시간 정도 운동을 하고 저녁 식사가 끝나면 9시까지 도서관에서 또 공부를 했다. 잠자리에 드는 시각은 9시 30분으로 그때 불이 꺼졌다.

만델라는 바쁜 일과 속에서도 평소 그려 왔던 일들을 잊지 않았다. 많은 사람과 만나 소통하는 일이었다. 힐드타운은 코사 족의 교육 기관이었지만 다른 부족의 학생들도 더러 끼어 있었다. 그런데 그들은 수업이 끝나거나 주말이면 같은 부족끼리만 어울리는 게 일이었다.

만델라는 용기를 내어 소토 족 출신 친구를 사귀게 되었다. 다른 학생들이 의아한 눈길을 보내왔다. 만델라는 자신의 선택에 자부심을 느꼈고 용감한 행동이라고 스스로를 격려했다.

만델라는 출신을 따지지 않고 모두를 같은 아프리카인으로 대하고자 노력했다. 그런데 영국인 교장 아서 웰링턴 박사는 전혀 다른 시각으로 학생들을 바라보고 있었다. 그는 처음부터 모든 아프리카 학생을 영국 사람으로 만들고자 했다. 그래서 가르치는 것도 영국의 교육을 본뜬 기독교와 인문학이었다.

그가 내세운 것은 '검은 영국인'의 양성이었다. 학생들도 서서히 영국인을 역할 모델(role model)로 삼기 시작했다. 피부색이 같은 영국인이 될 수는 없었지만 '검은 영국인'이 되고자 노력하는 분위기였다. 세상에서 가장 뛰어난 것은 영국 사상이라 믿고 있었다. 최고의 정부는 영국 정부이며 가장 월등한 남자는 영국 남자라는 가르침에 대해 의심하지 않았다.

'하지만 난 검은 영국인이 되기에는 머리가 너무 커 버렸어!'

만델라는 힐드타운 전체를 조율해 가고 있던 일련의 분위기에 차츰 회의가 들었다. 그대로 받아들이기에는 용납이 되지 않았다. 영국을 따르지 않아도 꿈을 이룰 수 있다는 것을 보여 주고 싶었다. 그들을 닮지 않아도 유능한 사람이 될 수 있다는 것을 증명해 보이고 싶었다. 만델라는 오히려 자신이 아프리카인이라는 사실을 더욱 자부하게 되었다.

힐드타운에서의 첫해는 모든 면에서 여유를 찾을 수 없는 상태로 흘러갔다. 평소 관심이 많았던 운동에 눈길을 돌릴 수 있었던 것은 다음 해였다. 허들 챔피언이었던 친구가 육상을 권한 것이 계기였다.

"넌 키가 크고 체격도 좋으니 육상 중에서도 장거리 선수가 되는 게 어울려."

장거리 달리기는 차츰 만델라의 부족했던 체력을 보강해 주었다. 비록 혼자 연습하는 수준이었지만 그 시간만큼은 학교에서 겪는 혼란들을 잊을 수 있었다.

운동에 한번 빠지게 된 만델라는 그 매력에 더 심취해 갔다. 자신과 어울리지 않는다고 여겨 왔던 권투도 시작할 수 있었다. 처음에는 모든 것이 서툴러 힘이 들었다. 하지만 주변에서 조언을 해 주자 차츰 익숙해져 갔다. 그 후 체중이 불게 되자 만델라는 본격적으로 권투에 매달리게 되었다. 그때 인연이 된 권투는 만델라가 꾸준히 즐기는 취미이자 좋아하는 여가 활동이 되기도 했다.

마지막 학년 때 만델라는 그동안 쌓아 올린 노력의 대가를 받을 수 있었다. 학업 성적이 월등하거나 남다른 리더십을 보인 학생에게 주는 명예로운 상을 받은 것이다. 만델라는 비록 영국식 교육의 공간이었지만 자신이 인정받았다는 사실만큼은 썩 나쁘지 않았다.

"코사 족의 영광이야!"

"같은 부족으로 자랑스러워!"

코사 족 학생들의 축하에 만델라는 조금 다른 생각이었다. 코사 족이 아닌 아프리카인으로 인정받았다고 자부했기 때문이다.

"난 코사 족도 검은 영국인도 아닌 자랑스러운 아프리카 사람이야. 너희도 그런 기분을 느껴 보지 않겠어?"

만델라의 말에 친구들은 의외라는 표정을 지었다. 심지어 영국인으로 살고 싶어 하는 사람도 있는데 무슨 소리냐며 비웃기까지 했다.

"내 자신을 아는 것이 왜 중요한지를 정말 모르겠어?"

만델라는 답답해서 소리쳤다. 어리둥절해하는 그들도 어서 깨달아 남아프리카의 미래가 달라졌으면 하는 마음뿐이었다.

학기가 끝나 갈 무렵 그런 만델라에게 힘을 주게 될 고마운 한 사람이 방문했다. 코사 족 출신의 사무엘 E.K. 음카이였다. 며칠 전부터 그의 방문 소식이 전해지자 교내는 술렁거리기 시작했다.

그는 남아프리카가 낳은 위대한 음유 시인이자 역사학자였다. 민족의 큰 역사적 사건과 의미 있는 일 등을 시로 남겼다.

모든 흑인 학생과 백인 교사들까지 평소 조회를 열던 넓은 식당에 모였다. 위대한 영웅을 직접 볼 수 있다는 사실에 만델라는 잔뜩 기대가 되었다. 잠시 후 연단 뒤쪽의 문이 열리더니 한 사람이 모습을 보였다.

"와아!"

순간 모두의 입에서 탄성이 쏟아졌다. 한 손에 창을 들고 표범 가죽을 몸에 두른 음카이였다. 아프리카 전통 의상을 입은 음카이와 대조적이게 뒤따르는 웰링턴 박사는 평상시처럼 말쑥한 양복 차림이었다. 그때의 광경을 만델라는 충격적이었다고 표현했다. 그 모습은 마치 '지구를 거꾸로 세우는 일'과 같았다고 회상할 정도였다.

음카이가 웰링턴 박사와 연단 위 자리에 나란히 앉았다. 모두들 극도로 흥분된 감정을 감추지 못했다. 여기저기서 웅성대거나 입을 모아 음카이의 이름을 부르기도 했다.

이윽고 그가 앞으로 걸어 나와 연설을 시작했다. 만델라는 미처 알지 못했던 그의 모습을 발견하고는 눈을 의심했다. 어릴 때부터 그는 큰 체격에 지적이면서도 매서운 눈빛을 갖고 있으리라 상상했었다. 그런데 막상 눈앞의 영웅은 평범한 외모에 키가 작고 말까지 더듬어 실망스러웠다.

하지만 연설이 진행되면서 영웅의 위대함은 결코 겉모습으로 완성되지 않는다는 사실을 깨달았다. 연설 내용을 강조하고자 그가 갑자기 창을 든 손을 높이 쳐들었을 때였다. 그만 창끝이 위에 있던 금속의 커튼 줄을 건드리고 말았다. 그는 창끝과 소리를 내며 흔들리고 있는 커튼을 번갈아 보았다. 잠시 생각에 잠겼던 그가 학생들을 응시했다.

"방금 벌어졌던 일은 아프리카 문명과 유럽 문명 간의 충돌을 상징합니다."

그의 느닷없는 외침에 모두들 얼어붙은 듯 굳어졌다. 그가 다시 목소리를 높이며 말을 이었다.

"이 창은 아프리카 역사의 영광과 진실을 말해 주고 있습니다. 하지만 저 위에서 흔들리고 있는 줄은 서구 생산품의 하나입니다. 정교하게 잘 만들어진 물건일지 모르지만 차갑고 혼이 들어 있지 않습니다."

모두들 그의 말에 더욱더 빠져들기 시작했다. 그는 토착적이고 선한 것과 이국적이고 악한 것 사이의 충돌을 강조하며 연설을 계속했다. 그러면서 외국인들이 함부로 나라를 차지하게 내버려 둘 수 없다고 소리쳤다.

"우리는 오랫동안 백인들이 내세운 신에게 복종해 왔습니다. 하지만 우리는 다시 일어나 그런 외국의 사상과 문화들을 몰아내야 합니다!"

만델라는 믿을 수 없는 눈앞의 광경에 심장이 마구 뛰었다. 충격이었다. 웰링턴 박사와 여러 백인 앞에서 그런 민감한 문제를 말할 수 있는 그가 더 위대한 영웅으로 다가왔다. 차츰 충격은 부드러운 기운이 되어 온몸을 감싸 안는 듯했다. 마음이 편했다.

만델라는 주변의 학생들 표정을 살폈다. 그들 가운데 상당수가 웰링턴 박사를 다른 눈으로 바라보고 있는 것 같았다. 그는 더 이상 자신들을 이끌어 줄 존재가 아니라는 부정의 눈빛처럼 여겨졌다.

음카이가 더욱 고조된 목소리로 청중들의 시선을 모았다.

"코사 족 형제들이여, 그대들에게 지금 나는 가장 중요하고 영원한 샛별을 주고자 합니다. 그대들은 자랑스럽고 강하기 때문입니다. 샛별과 함께 영원히 인류의 역사를 이끌어 나가기를 바랍니다."

그의 연설이 끝나자 모두가 자리에서 일어났다. 박수와 환호가 식당 안에 가득 울려 퍼졌다. 웰링턴 박사와 백인 교사들만 잔뜩 굳은 얼굴로 앉아 있을 뿐이었다. 만델라는 박수를 멈출 수가 없었다. 가슴에 들어차는 벅찬 환희와 뭉클한 무언가가 손에 더욱 힘을 보내고 있었다.

한 가지, 만델라는 혼란을 경험하기도 했다. 음카이의 연설에 문득 자신은 코사 족이라는 사실이 새삼 와 닿았기 때문이다. 아프리카인으로서 더 넓게 세상을 보겠다는 의지가 흔들렸다. 코사 족으

로서의 자긍심이 너무 커졌기 때문이기도 했다. 만델라는 스스로
를 코사 족 사람으로 먼저 인식하고 그런 다음 아프리카인이라고
자부하기로 했다.

　'어차피 코사 족은 아프리카 속에 존재하는 역시 자랑스러운 부
족이니까.'

학업과 결혼, 선택의 기로에 서다

만델라가 힐드타운을 떠난 것은 1940년 스물두 살 때였다. 힐드타운에서 동쪽으로 약 32킬로미터 떨어진 앨리스 시의 포트헤어 대학에 가기 위해서였다.

포트헤어는 웨스턴 케이프와 함께 남아프리카를 대표하는 2대 유명 대학이었다. 만델라는 그곳을 '영국의 옥스퍼드와 케임브리지 그리고 미국의 하버드와 예일 대학을 모두 합쳐 놓은 곳'이라고까지 표현한 적이 있다. 그런 대학에 입학하게 된 만델라는 기뻤다. 기쁨을 함께 해 준 사람이 있었는데 바로 욘긴타바였다.

"장하다. 네가 반드시 이 길로 순탄하게 걸어가리라 믿은 보람이 있다!"

욘긴타바는 친아들을 대하듯 진심으로 축하와 격려를 아끼지 않았다. 회색 양복을 선물로 사 주었다. 만델라는 난생처음 입어 보는 양복에 어색했지만 훈장이라도 단 듯 뿌듯했다.

포트헤어에는 150여 명의 학생들이 모여 있었다. 그 가운데 몇몇은 클라크베리와 힐드타운에서부터 알고 지내던 얼굴들이었다. 또한 친구이자 동지가 될 올리버 탐보를 만나게 되었다. 올리버 탐보는 인종 차별 투쟁의 영웅으로 만델라와 평생 뜻을 함께 하게 될 인물이었다. 아프리카에서 위대한 지식인으로 손꼽히는 Z.K. 매튜스와 D.D.T. 자바부 같은 교수들과의 만남도 반가웠다. 그 모두가 만델라에게는 기대와 흥분을 안겨 주는 일이었다. 그들과 함께 새로운 공간에서 새 각오로 시작하는 공부는 즐거움 자체였다.

만델라는 법률 공부에 집중하기 시작했다. 자신의 꿈이었던 족장의 조언자 역할을 위해 반드시 필요한 것이었다. 지방 자치법은 물론 로마법, 정치학, 인류학, 영어 등도 공부했다. 지방 자치법은 아프리카인들에게 직접적인 영향을 미치는 분야라 특히 중점을 두었다. 만델라는 조언자가 되려면 통역에도 능통해야 된다고 판단했다. 그래서 얼마 후 통역 과목이 개설되자 가장 먼저 등록하는 열의를 보였다.

만델라는 어느 때보다 활력적인 생활을 이어 나갔다. 강의실 안에서는 물론 밖에서도 누구보다 활동적인 사람으로 보일 정도였다.

그런데 곧 뜻하지 않은 일로 중대한 갈림길에 놓이게 되었다. 만델라가 학생 대표 회의 대의원 후보로 임명되었을 때였다. 학생들 대부분이 학생 대표 회의가 자신들의 이익을 보장하지 않는다며 대의원 선거를 거부했다. 학생들의 마음을 읽어 낸 만델라도 후보 자리에서 물러났다. 지지를 받지 못한 단체는 아무런 의미가 없다는 판단 때문이었다.

"대의원이 되든가 자퇴를 하게나. 그리고 자네를 퇴학시킬 수도 있다는 점을 명심하게."

총장 커 박사는 강경한 태도로 둘 중 하나를 선택하라며 만델라를 궁지에 몰았다.

밤새 만델라는 고민에 시달렸다. '태어나서 그처럼 중요한 결정을 내려 본 적이 없다'고 회고할 만큼 심각한 순간이었다. 밤을 꼬박 새운 만델라는 확실한 결정을 내리지 못한 채 총장실로 갔다. 커 박사의 얼굴을 보는 순간 만델라는 자신도 모르게 튀어나온 말에 놀랐다.

"양심상 도저히 대표 회의 일을 할 수가 없을 것 같습니다."

커 박사는 조금 당황하는 기색이었지만 곧 냉정하게 말했다.

"알겠네. 자네 스스로의 결정이니 존중하지. 대신 자네가 내년에라도 그 일을 맡겠다면 가을에 복학할 기회를 주겠네. 학교를 떠나 그동안 신중히 생각해 보게나."

만델라는 자신의 결정이 옳은 것인지, 커 박사의 제안이 최선인 것인지 알 수 없었다. 다만 짐을 꾸려 포트헤어를 떠나오면서 내린 판단만큼은 자신이 있었다. 커 박사는 배려심이 넘치는 사람이 아니라 독재자라는 사실이었다.

"아니, 겨우 그 정도의 일로 공부를 중단하고 돌아오다니 제 정신이냐?"

예상대로 욘긴타바는 버럭 화부터 냈다. 만델라가 자세한 상황을 설명하려고 해도 귀담아듣지 않을 만큼 흥분해 있었다.

"잔말 말고 이곳에서 여름을 보낸 뒤 가을에 복학해라."

욘긴타바는 계속 학업을 이어 나갈 것만을 강요했다. 만델라는 자신의 입장을 충분히 설명하고 싶었다. 하지만 은인이자 아버지와도 같은 존재 앞에서 행여 무례함을 보일까 봐 차마 그럴 수가 없었다.

불안한 시간들만 만델라 곁에 머물 뿐이었다. 며칠 후 케이프타운에 살고 있던 저스티스도 돌아와 조금은 마음의 안정을 찾을 수 있었다. 만델라는 친형제를 만난 듯 기뻤다. 그만큼은 자신을 이해해 줄 것이라는 생각에 안도할 수 있었다.

저스티스와 마음을 터놓고 많은 이야기를 나누었다. 하지만 행복한 시간도 잠시, 또 다른 시련 하나가 기다리고 있었다. 이번에는 저스티스도 관련된 중대한 문제였다.

"두 사람이 함께 모인 자리라 잘된 일인지도 모르겠다."

말문을 연 욘긴타바의 표정은 흐뭇함으로 가득했다. 그러나 만델라와 저스티스에게는 결코 반갑지 않은 말들이 뒤를 이었다.

"두 사람 결혼 상대자를 정해 놓았다. 이미 결혼 지참금도 지불했으니 결혼하도록 해라."

"예?"

만델라와 저스티스는 깜짝 놀라 동시에 소리쳤다.

잠시 후 욘긴타바의 방을 나온 두 사람은 한동안 말이 없었다. 그저 멍하니 하늘만 바라볼 뿐이었다. 유난히 맑은 하늘이었다. 하지만 자신들의 미래는 결코 맑지 않을 것만 같았다.

"어떻게 할 거야?"

저스티스가 먼저 말문을 열었다. 만델라는 머리가 복잡하고 할 말은 많은데 생각나는 단어가 없을 지경이었다. 대답을 기다리던 저스티스가 다시 허공에 대고 말했다.

"난 상대가 템부 족 귀족의 딸이라는데…… 정말 이대로 결혼을 해야 하는 건가."

만델라가 한숨과 함께 겨우 입을 떼었다.

"내 상대는 템부 족 사제의 딸이고…… 하지만 가정을 꾸려 놓고 무슨 일을 한다는 게 쉽지만은 않겠지. 아무런 준비도 되어 있지 않고. 차라리……."

두 사람은 동시에 서로의 얼굴을 쳐다보았다.

며칠 후 욘긴타바가 일주일간 집을 비우게 되었다. 트란스케이의 입법 회의에 참석하는데 두 사람은 따라가지 않아도 되었다. 욘긴타바가 집을 나서자 두 사람은 곧바로 짐을 꾸렸다.

옷가지와 필요한 물건들을 챙겼지만 돈이 별로 없었다. 생각 끝에 황소 두 마리를 마을 상인에게 팔아 여비를 마련했다.

두 사람은 행여 욘긴타바가 돌아올지 몰라 서둘러 기차에 올랐다. 요하네스버그로의 도망이자 새로운 세계로의 도전이었다.

기차는 조급한 두 마음을 실은 채 달려 나갔다. 차츰 안정을 되찾은 만델라는 차창 밖의 풍경에 자신의 미래를 그려 보고 있었다. 목적지는 요하네스버그에 있는 광산이었다. 욘긴타바의 추천으로 저스티스가 곧 취직하기로 예정된 곳이었다. 그곳에 따라가는 만델라의 심정은 착잡했다.

밤새 달린 기차가 도시에 가까워지자 전혀 다른 세상이 펼쳐졌다. 가장 눈에 띄는 것은 엄청난 수의 자동차였다. 도시 외곽을 따라 달리는 기차 안이었지만 한눈에도 새로운 세상이라는 것을 알 수 있었다. 다양한 상품을 선전하는 온갖 광고판들이 눈을 현란하게 했다. 평범해 보이는 집조차 욘긴타바의 왕궁보다 크고 화려한 듯했다.

남아프리카 자우텡 주(州)의 최대 도시다운 광경이었다. 요하네

스버그는 가장 번영한 상업과 공업의 도시로 넓고도 새로운 공간
이었다. 제철과 기계 산업은 물론 자동차, 화학, 섬유 등이 발달해
어느 도시보다 활기찼다.

만델라가 기차에 몸을 실었을 무렵은 요하네스버그를 비롯한 여
러 도시로 많은 사람이 몰려들 때였다. 낙후된 외진 곳에서는 안정
적인 일자리를 얻어 살기가 어려웠다. 그래서 특히 젊은이들은 앞
다투어 고향을 떠나 도시로 향했다. 도시와 그 주변의 광산은 그들
에게 좋은 일자리가 되어 주었다. 그들 가운데 만델라와 저스티스
가 끼어 있는 현실이었다.

큰 세상에서 큰 꿈을 펼치려

새벽에 도착한 곳은 도시가 내려다보이는 언덕 위 크라운 광산 사무실이었다.

요하네스버그는 1886년 비트바테르스란트에서 황금이 발견된 무렵부터 성장한 도시이기도 했다. 남아프리카는 금과 다이아몬드를 비롯해 우라늄, 망간, 크롬, 석탄, 철광석 등의 지하자원이 풍부했다. 그런 사실을 안 보어인들은 흑인들을 동원해 금과 다이아몬드를 채굴하기 시작했다. 그러나 그 이익은 흑인들에게 충분히 돌아가지 않았다. 오히려 똑같이 일을 하고도 임금은 백인들에 비해 적었다. 그 차이가 심할 때는 무려 열 배나 되었다.

가장 큰 규모를 자랑하던 곳이 크라운 광산이었다. 하지만 예전과는 다르게 활기가 사라진 모습이었다.

욘긴타바의 추천이 있어 저스티스는 쉽게 채용될 수 있었다. 만델라도 겨우 자리를 얻을 수 있었는데, 단순 사무직인 저스티스와는 달리 경비원 직이었다. 모든 것이 열악하고 위험 요소들이 많아 어떤 자리에서든 조심하고 경계해야 했다.

만델라는 그곳의 환경과 생활에 대해 회고한 적이 있다.

금광의 기적이란 찾아볼 수 없는 곳이었다. 곳곳에 파인 웅덩이에 나무조차 없는 황폐한 곳으로 전쟁터와도 같았다. 주위에는 온통 귀를 찢는 소음들로 시끄러웠다. 다이너마이트 폭발음과 거친 명령 소리로 정신이 없었다. 눈을 돌리는 곳마다 먼지투성이로 피곤에 지쳐 곧 쓰러질 것만 같은 흑인 광부들의 모습이 보였다. 그들은 어두운 숙소의 차가운 콘크리트 바닥 위에서 서로 몸을 맞댄 채 잠을 자고 꿈을 꾸었다.

비록 나은 환경은 아니었지만 만델라는 그곳에서 내일을 생각하려고 했다. 그런 계획이 곧 수포로 돌아가리라는 것은 상상조차 하지 못했다.

"알고 보니 자네들 몰래 도망쳐 온 신세라며? 더는 이곳에 있을 수 없네!"

얼마 지나지 않아 두 사람의 사정을 알게 된 광산 책임자가 냉정하게 손바닥을 내보였다.

만델라는 눈앞이 캄캄했다. 요하네스버그에 아는 사람들이 있다는 저스티스를 따라 광산을 내려왔다. 막막하기는 마찬가지였다. 온종일 도심을 헤맸지만 생각처럼 쉽게 머물 곳을 찾지 못했다.

"나중에 다시 만나기로 하고 일단 여기서 헤어지자. 두 사람을 함께 받아 줄 만한 곳이 없는 것 같아."

저스티스의 제안에 어쩔 수 없었다. 그와 헤어진 만델라는 잠시 고민 끝에 한 곳으로 걸음을 옮겼다. 멀지 않은 곳에 살고 있는 친척 아저씨 겔리크가 떠올랐기 때문이다. 그런 처지로 불쑥 찾아간다는 것이 망설여졌지만 다른 대책이 없었다.

다행히 겔리크는 반색하며 만델라를 맞아 주었다. 그는 옷을 파는 행상이었는데 넉넉한 살림은 못 되었다. 작은 상자 모양의 집에서 어렵게 살고 있었다. 저스티스를 데리고 오지 않은 게 잘했다는 생각이 들 정도였다.

그 무렵 요하네스버그는 두 개의 얼굴을 하고 있었다. 근대화의 물결 속에서 규모가 크고 화려한 주택들이 하나둘 들어섰다. 반면에 쓰레기와 악취에 덮인 그늘진 빈민촌도 남아 있었다. 흑인들이 모여 사는 빈민촌은 주거 공간이라고 하기에 시설이 형편없었다. 전기와 수도는 아예 공급되지 않았다. 화장실을 갖추고 산다는 것은 꿈도 꿀 수 없었다. 커다란 양동이에 오물을 모아 두었다가 한 번에 버려야 했다. 식수마저 더러워 아이들은 쉽게 병에 걸리고 고통을 받았다.

흑인들은 전기, 수도는 물론 교통과 의료 등의 공공 혜택을 전혀 받지 못했다. 그 후 1990년대까지 흑인의 절반 정도가 겪어야 하는 현실이었다.

겔리크는 배려심이 많고 친절한 사람이었다. 비좁고 더러운 곳이었지만 만델라가 머무는 동안 불편하지 않게 여러모로 신경을 써 주었다.

며칠 후 만델라가 자신의 속마음을 털어놓을 수 있었던 것도 그런 성품 때문이었다. 그는 어떤 생각이든 다 들어줄 것만 같았다.

"사실은 법률 공부를 더 해서 변호사가 되고 싶어요."

그 말에 겔리크는 마치 자신이 변호사라도 된 것처럼 기뻐했다. 기꺼이 도움을 주겠다는 약속도 했는데 정말 곧 이루어졌다.

겔리크가 소개해 준 사람은 월터 시술루라는 성공한 사업가였다. 만델라보다 다섯 살 위인 그는 부동산 중개 사무실을 운영했다. 또한 지역의 지도자로도 이름을 알리고 있었다.

"만델라라고 했소? 당신의 사정을 듣고 도움을 주겠다고 한 사람입니다."

그는 만델라의 손을 잡으며 반가워했다.

"공부를 끝까지 마쳐서 꼭 훌륭한 변호사가 되십시오. 그래서 우리 아프리카 사람들의 인권에도 온 힘을 다하시고."

"정말 고맙습니다. 도와주신 은혜에 보답하기 위해서라도 열심히 하겠습니다."

올리버 탐보와 함께 평생 동지가 되는 월터 시술루와의 만남은 좋은 기회였다. 만델라는 그의 주선으로 '비트킨 시델스키 에이델만' 법률 사무소에 견습 사원으로 일하게 되었다. 세 사람의 백인이 운영하는 유태인 법률 사무소로 각자의 이름을 내걸고 있었다.

만델라를 더욱 들뜨게 한 일이 생겼다. 통신 강좌로 남아프리카 대학 야간에서 공부를 계속할 수 있게 된 것이다. 만델라는 돈을 벌면서 공부도 할 수 있게 되었다는 사실에 기뻤다. 더군다나 명문 대학으로 알려진 곳이라 기쁨은 더했다.

만델라는 법률 사무소가 개방적이라는 것에 매료되기도 했다. 자신이 일할 수 있게 되었다는 사실 자체가 그것을 증명해 주었다. 다른 법률 사무소들은 흑인을 아예 고용하지 않았다.

출근 첫날부터 모든 사람이 만델라를 환영해 주었다. 가우어라는 흑인 직원에 대한 첫인상이 강했다. 그는 만델라보다 열 살 위였는데 서기 겸 통역사로 일하고 있었다. 키는 작지만 근육질의 다부진 체격이었다. 소토어와 줄루어는 물론 영어에도 능통했다. 그는 자기주장이 강하며 요하네스버그 흑인들 사이에서 잘 알려진 인물이기도 했다.

시델스키 변호사에게서 남다른 감명을 받기도 했다.

"성공한 흑인은 최소한 다른 아프리카 흑인들에게 모범이 될 수 있다고 생각해요. 그 역할을 만델라 당신이 하리라 믿어요."

만델라는 자신의 생각과 일치한다는 것에 힘이 솟았다. 그러나 생활은 생각만으로 될 수 없다는 사실에 허덕이기 시작했다.

만델라는 일주일에 2파운드씩을 받았는데 넉넉한 돈은 아니었다. 요하네스버그 변두리에 얻은 허름한 집 방세와 통신 강좌 수업료를 내고 나면 빠듯했다. 회사까지 출퇴근하는 데 드는 버스 요금이 만만치 않았다. 나머지로 빵 등을 사고 밤늦게까지 공부하는 데 필요한 초를 장만하고 나면 금세 바닥이었다. 기름을 살 돈이 없어 등잔은 아예 켤 엄두도 내지 못했다.

나중에는 회사까지 10킬로미터가 넘는 거리를 걸어 다녔다. 빵한 조각으로 며칠을 견뎌 냈고 새 옷은 아예 꿈도 꾸지 못했다. 그런 형편을 헤아린 시델스키가 낡은 양복 한 벌을 주었다. 만델라는 그 양복을 무려 5년 넘게 수선해 가며 입고 다녔다. 혈기 왕성한 나이였지만 연애를 한다는 것은 사치였다. 낭만적인 사랑에도 관심이 있었지만 아직 해야 할 일이 남아 있었다.

만델라가 걸어온 길에는 늘 가난과 고통이 함께 했다. 그런 현실속에서 만델라는 특히 가난에 대해 강한 깨달음을 얻게 된다. 그는 훗날 한 인터뷰에서 가난이 가장 큰 적이라고 말한 적이 있다. 그래서 '가난을 몰아내는 데 힘을 모은다는 일은 곧 사회에 봉사하는 것'이라고 보았다. 가난은 비참하고 인간의 존엄성마저 떨어뜨리는 것이기 때문이다. 사람들이 가난을 떨쳐 버리고 '가족과 사회를 위해 살아가도록 돕는 것이 우리의 의무'라고도 했다. 가난을 물리치고 인간성을 되찾도록 도와주는 사람이 곧 영웅이라는 말도 남겼다.

욘긴타바가 요하네스버그로 찾아온 것은 1941년 겨울이었다. 만델라는 그를 보자 고개가 숙여졌다.

"죄송합니다. 저에게 기대가 크신 줄 잘 알면서도……."

차마 말을 잇지 못하는 만델라를 그는 따뜻하게 다독여 주었다. 모든 것을 용서한다는 말에 만델라는 그의 깊고 넓은 마음을 다시 한 번 느꼈다.

그것이 은인이자 아버지와 같은 존재였던 욘긴타바와의 마지막 만남이었다. 요하네스버그를 다녀간 지 반년 만에 그가 숨졌다는 소식이 날아들었다.

슬픔에 젖어 한동안 일어설 수가 없었다.

정신을 추스른 만델라는 음케케즈웨니로 달려갔다. 평온하게 눈을 감은 욘긴타바 앞에서 다시 다짐을 했다. 부끄럽지 않은 아프리카인이 되겠다는 자신과의 약속이기도 했다.

장례식을 치른 만델라는 곧 요하네스버그로 돌아왔다. 저스티스는 그곳에 남기로 결정했다. 그는 부족장이 되어 중요한 임무를 수행해야 했다. 그의 취임식조차 참석할 수 없을 정도로 만델라는 급박함에 시달렸다. 그때의 심정을 만델라는 이렇게 기록했다.

유명한 강들을 건넜다는 말이 있다. 이는 한 사람이 꽤 먼 거리를 여행했고 폭넓은 경험을 해서 조금의 지혜를 얻었다는 것을 의미한다. 나는 이 뜻을 내가 요하네스버그로 혼자 돌아가야 한다는 것으로 믿었다.

만델라는 돌아오는 길에 욘긴타바와 먼저 세상을 떠난 아버지를 떠올렸다.

'아버지와 양아버지 모두 결국에는 아프리카를 위해 살다 돌아가신 셈이야. 두 분의 죽음이 헛되지 않게……'

만델라는 잠시 의식 속에서 환히 열리는 길 하나를 보았다. 여러 갈래로 나뉘어져 흐르던 개울이 비로소 하나의 줄기를 이루는 순간이었다. 그동안 이따금 흔들렸던 정체성에 대한 반성도 이루어졌다. 자신은 단순한 코사 족이 아닌 자랑스러운 아프리카인이란 자긍심에 대한 재확인이었다.

'진정한 아프리카인으로 다시 태어난 것이다!'

그때 만델라는 아버지가 지어 준 이름 롤리흘라흘라를 새삼 떠올렸는지도 모른다. 아버지의 바람대로 나뭇가지를 잡아당겨 무엇인가를 성취하기 위해 행동할 때였기 때문이다. 그래서 서둘러 요하네스버그로 돌아왔고 행동을 위한 준비를 매듭지으려고 했다.

　　그 가운데 하나가 다음 해인 1942년에 이루어졌다. 마침내 남아프리카 대학 통신 과정으로 학사 학위를 받은 것이다.

　　그 무렵 고향으로 돌아오라는 권유를 받았다. 하지만 만델라는 요하네스버그에서의 생활과 경험으로 가야 할 길을 더 확실히 정한 상태였다. 단지 부족을 위해서가 아니라 전체 아프리카인들을 위한 일을 해야만 했다.

　　'아버지와 양아버지가 아프리카를 위해 죽었다면 나는 아프리카를 위해 살 것이다!'

　　만델라는 그 뜻을 더 확실히 이어 가고자 1943년 요하네스버그 중북부에 위치한 비트바테르스란트 대학에 등록했다. 변호사가 되기 위한 첫 걸음이었다. 법학 학사 학위를 받기 위한 예비 교육의 과정이기도 했다.

　　비트바테르스란트 대학은 남아프리카에서 영어를 사용하는 대학이기도 했다. 자유주의 정신을 키울 수 있는 중요한 곳으로 흑인 학생의 입학을 허용하고 있었다.

　　만델라는 법률 사무소 일을 계속하면서 대학에 다닐 수 있었다.

아직 생활고에서 벗어나지 못한 처지라 천만다행이었다. 어느새 정식 사원이 되었다는 사실에 안심이 되기도 했다.

투쟁의 첫 깃발을 올려라

"만델라, 자네는 아프리카 민족 회의에 대해 얼마나 알고 있지?"

어느 날 가우어가 불쑥 물어 왔다.

아프리카 민족 회의(African National Congress, ANC)에 대해 어렴풋이 알게 된 것은 포트헤어 대학 시절이었다. 당시에는 조직의 이름 정도만 듣고 있었지, 구체적으로 아는 것이 없었다.

"아프리카 민족 회의는 1912년 남아프리카에서 인종 평등을 위해 설립되었지."

그의 설명에 만델라는 차츰 마음의 귀가 열리기 시작했다. 조직을 구성하고 있는 사람들 대부분은 교육을 받은 엘리트들이었다. 독립과 인권 등 흑인들의 권리를 위해 평화적인 시위를 했다. 또한 흑인들이 겪고 있는 상황에 대해 알리고 교육하는 것에 중점을 두고 있었다.

"아프리카 민족 회의만이 우리의 아프리카를 변화시킬 수 있다는 점을 명심해."

가우어의 마지막 말에 만델라는 전신이 떨리는 것을 똑똑히 느꼈다.

'우리의 아프리카…….'

만델라는 자신이 '언제부터 정치에 관심을 갖게 되었는지 정확히 기억하지 못한다'고 밝힌 바 있다. 언제부터 자유를 위한 투쟁에 헌신할 결심을 하게 되었는지도 알 수 없다고 했다. 만델라가 기억하지 못하는 것이 아니다. 아프리카에서 흑인으로 태어나는 순간부터 정치적인 운명을 짊어지고 살 수밖에 없다는 뜻이다. 그래서 정확히 언제부터 관심을 갖고 투쟁했는지를 기억 못 한다는 것이다.

아프리카 아이들은 흑인 전용 병원에서 태어날 수밖에 없었다. 그 후 흑인 전용 버스를 타고 흑인 전용 학교에 다니며 흑인 거주 지역에서만 머물러야 했다. 도둑을 맞거나 강도를 당한 상점이나 백인 앞을 우연히 뛰어가서는 안 되었다. 영락없이 범인으로 몰려 경찰의 추적을 받기 때문이었다. 밤낮 가리지 않고 통행증을 요구하는 감시의 눈초리도 피할 수 없었다. 조금만 잘못이 있어도 경찰서에 잡혀가고 삶 자체를 송두리째 빼앗길 수도 있었다. 이것이 아프리카 흑인들의 현실이었다.

만델라가 본격적으로 정치와 인권 운동에 뛰어들게 된 것은 한순간의 깨달음 때문이 아니었다. 그동안 직접 겪었던 모멸감과 치욕스러운 시간들이 모여 만들어 낸 결과였다. 만델라는 억압 속에서 살아왔던 아프리카인을 위해 행동하고 싶었다.

가우어의 소개로 아프리카 민족 회의(ANC) 집회에 참석하게 된 것도 그런 이유에서였다. 그곳에는 이미 많은 사람이 뜻을 함께 하고 있었다. 월터 시술루와 올리버 탐보를 비롯해 저명한 학자인 안톤 렘베데와 A.P. 음다의 모습도 보였다.

모두가 엄지손가락을 치켜세웠다. ANC만의 인사 방식이었다. 만델라는 순간 경험해 보지 못했던 거대한 에너지 같은 것을 느꼈다.

1943년 8월 만델라는 처음 행동가로서 거리로 나서게 되었다. 버스 요금이 1펜스 인상된 데에 저항하는 버스 안 타기 운동을 지지하기 위해서였다. 1만여 명의 사람들이 거리로 쏟아졌다. 만델라에게 큰 영향을 준 순간이었다. 처음으로 직접 참여해 사람들과 마음을 모을 수 있었기 때문이다. 구호를 외치며 행진하는 내내 즐거웠다. 그것이 큰 힘을 만든다는 사실도 똑똑히 체험할 수 있었다. 승객 없이 빈 버스를 운행하던 버스 회사가 결국 9일째 되던 날 요금을 다시 내린 것이다.

1944년 만델라는 월터 시술루와 올리버 탐보 그리고 안톤 렘베데 등과 함께 ANC 내 청년 동맹(Youth League)을 만들었다. 의장에는 안톤 렘베데가 사무총장에는 올리버 탐보가 선출되었다. 월터 시술루가 회계를 담당했으며 만델라를 비롯한 여러 명이 집행 위원을 맡았다. 청년 동맹의 기본 정책은 1912년 ANC가 밝힌 신조와 다르지 않았다.

"남아프리카의 독립은 우리 스스로 이룰 것이다!"

수많은 부족이 힘을 모아 하나의 국가를 이루자는 다짐이었다. 백인이 우월하다는 사상을 이겨 내자는 강한 의지였다. 진정한 의미의 민주주의 정부를 세우기 위한 간절한 목소리였다.

"우리는 토지의 정당한 분배를 요구한다!"

"우리는 질 높은 교육을 요구한다!

"우리는 흑인 노조가 겪고 있는 부당한 조치와 차별법의 폐지를 요구한다!"

청년 동맹의 실천 사항이 정해지자 자주 월터 시술루의 집에 모여 토론을 벌였다.

그곳에서 월터 시술루의 사촌 여동생인 에블린 메이스와도 만날 수 있었다. 그녀는 트란스케이의 엥코보에서 광부의 딸로 태어난 착하고 어여쁜 아가씨였다. 부모를 일찍 여읜 채 어렵게 공부해 온 그녀는 요하네스버그의 한 종합 병원에서 간호사 교육을 받고 있었다.

두 사람은 금세 사랑에 빠졌고 몇 달 후 결혼 약속을 할 수 있었다. 생활 형편 때문에 피로연조차 열지 못한 채 간소하게 결혼식을 올렸다.

신혼 생활을 시작할 집을 구하는 데도 많은 어려움이 있었다. 흑인들은 아무 곳에서나 자유롭게 살 수 없었다. 흑인 거주 지역인 올랜도에 작은 보금자리를 겨우 마련했다. 가난한 신혼 생활이었지만 두 사람은 행복했다.

2년 뒤인 1946년 초 첫째 아들 템비의 출생은 만델라에게 있어 여러 의미가 있었다. 결혼 생활에 있어 어느 때보다 안정적인 시간을 가져다주는 일이었다. 아버지로서 해야 할 일을 좀 더 구체적으로 일깨워 주는 신호이기도 했다.

"앞으로 태어날 아프리카 모든 후손에게만큼은 부끄러운 역사를 밟지 않게 해 주겠어!"

템비를 품에 안은 만델라가 의미심장한 목소리를 냈다.

그해 만델라의 투쟁에 직접적인 계기가 된 사건들이 벌어졌다. 리프 지역에서 7만 명이 넘는 광산 노동자들이 대규모 파업 시위를 시작했다. 그 무렵 광산 노동자들의 하루 임금은 불과 2실링밖에 되지 않았다. 오랫동안 참아 온 광산 노동조합은 마침내 정당한 대우를 촉구하며 폭발했다.

"10실링의 최저 임금을 보장하라!"

"우리에게 살 집을 주고 2주간의 유급 휴가도 제공하라!"

광산 회의소는 그들의 요구를 묵살해 버렸다. 대규모 시위대는 일주일 동안 파업을 이어 가며 계속 단결을 다져 나갔다.

그대로 구경만 하고 있을 정부가 아니었다. 출동한 경찰들이 노조 지도자들을 체포하고 광산 노동조합 사무실을 삽시간에 쓸어버렸다. 경찰봉과 총검으로 무장한 그들의 진압 과정에서 12명의 노동자들이 목숨을 잃었다. 1천여 명이 부상을 당했고 파업 주동자 및 총 50여 명이 감옥에 갇혔다. 파업은 진압되고 노조는 해산될 수밖에 없었다.

만델라를 더욱 참담함 속으로 몰아가는 일이 이어졌다. 남아프리카 정부의 얀 스뫼츠 총리가 아시아인에게 적용할 '토지 소유법 (게토법)'을 통과시킨 것이다.

남아프리카에 살고 있는 아시아인의 상당수는 인도계였다. 그들 대부분은 19세기 때 동부 해안 사탕수수 농장으로 일하러 온 계약 노동자들이었다. 정부가 그들의 자유로운 활동을 제한하기 시작했다. 인도인 게토를 만들어 그 안에서만 거주하도록 했다. 빈민층을 비롯해 인종과 국적이 다른 사람들을 격리시켜 살게 하는 지역이 게토였다. 장사도 그 안에서만 해야 했고 재산마저 마음대로 소유

할 수 없었다.

인도인들은 거세게 반발했다. 그들은 무려 2년 동안이나 저항과 반대 운동을 펼쳤다. 그 과정에서 비폭력 저항 운동을 벌이던 지도자들이 체포되어 징역형을 받았다. 참여한 사람들은 의사와 변호사를 비롯해 목사, 사업가, 학생, 노동자 그리고 주부들까지 다양했다. 그 가운데 2천 명이 넘는 참가자들도 체포되었다.

ANC와 만델라는 그들이 처음 저항 운동을 시작할 때부터 강한 인상을 받았다. 특히 만델라에게는 어떻게 행동할지를 가르쳐 준 의미 있는 모습이었다. 정부는 법을 내세우고 협박까지 하며 그들의 저항을 탄압했다. 하지만 그들은 물러서지 않고 자신들의 의지를 보여 주었다. ANC 지도자들과 청년 동맹은 그들의 저항 운동에 진심으로 지지를 보냈다. 지도자들은 반대 집회에 참석했고 만델라도 청년 동맹 간부들과 인도인을 지지하는 대열에 기꺼이 뛰어들었다.

인도인들의 저항 운동은 마하트마 간디의 비폭력 무저항주의에서 비롯된 것이었다. 간디의 정신은 남아프리카에 있는 인도인에게까지 미쳐 행동으로 드러나게 되었다.

'그들은 우리가 한 번도 실천하지 못한 방식으로 대대적인 저항 운동을 벌였어. 이것은 획기적인 일이야!'

만델라는 그들을 지지하는 내내 가슴에서 꿈틀대는 거대한 힘을 체험할 수 있었다. 그들의 저항 운동에서 만델라는 정말 많은 것을 얻었다. 특히 자유를 위해서는 무엇보다 희생을 감수해야 한다는 사실을 알았다. 연설을 하고 집회를 여는 일도 중요했다. 하지만 고통을 참고 벌이는 단체의 투쟁이 우선이라는 것을 깨달았다.

인도인 대표와 동맹 세력을 구성하는 데 합의했다. 아프리카 흑인과 인도인의 단결에 중요한 전환점이었다.

1947년 초 만델라는 법률 학사 학위를 위해 법률 사무소를 그만두었다. 변호사 개업을 위해서는 학업에만 전념해야 했다. 법률 사무소에서 받던 봉급이 끊어지자 생활은 더욱 어려워졌다.

에블린의 수입만으로 꾸려 가다 보니 모든 것이 부족했다. 그런 상황에서 태어난 딸 마카지웨마저 건강하지 못했다. 만델라와 에블린은 교대로 밤을 새워 가며 정성껏 간호했다. 그러나 의사조차 그 원인을 모르는 상태에서 마카지웨는 9개월 만에 죽고 말았다. 가슴에 남겨진 또 하나의 슬픔 자국이었다.

불행과 슬픔은 이어졌다. 딸을 잃은 지 얼마 되지 않은 7월, 불행이 또 닥쳤다. 서른세 살의 젊은 나이로 의장 안톤 렘베데가 세상을 떠난 것이다. 만델라와 의논을 하던 중 그가 갑자기 온몸을 떨며 복통을 호소했다. 증상이 더욱 심해져 병원으로 급히 옮겼지만 끝내 눈을 감고 말았다.

A.P. 음다가 뒤를 이어 새 의장이 되었다. 만델라는 그해 ANC 트

란스발 집행 위원회에 선출되었다. 만델라에게는 첫 보직이었는데 행동을 위한 구체적인 기회가 마련된 셈이었다.

3장

자유를 위한 눈물과 투쟁 속에서

투사와 변호사로 살다

인종 차별 속에서 백인을 제외한 사람들에게는 투표권마저 없었다.

그 상황에서 1948년 실시된 총선거는 큰 관심을 불러일으켰다. 얀 스뫼츠 정권의 통일당과 다시 세력을 키우고 있던 국민당의 대결이었다.

"검둥이들은 위험하다. 너희 자리로 돌아가 조용히 살아라!"

"쿨리스를 몰아내자!"

통일당은 그런 구호 아래 선거 유세에 돌입했다. 쿨리스는 인도인들을 비하해 부르는 말이었다.

흑인들이 이런 통일당을 지지할 리 만무했지만 국민당에 대한 감정이 더 좋지 않았던 터라 그들은 선거 결과에 더욱 주목했다. 다니엘 말란과 그가 이끄는 국민당은 국수주의자들이었다. 남아프리카에서 태어난 백인들로 자신들만이 최고라는 생각에 빠져 있었다. 그들 가운데 일부는 제2차 세계 대전 때 독일 나치를 지지하기도 했었다. 특히 흑인을 싫어하는 그들이 총선에 나서자 관심이 집중될 수밖에 없었다.

다니엘 말란이 내세운 기본 정책은 아파르트헤이트(Apartheid)였다. 원래 '분리'와 '격리'를 의미하는 이 단어는 극단적인 인종 차별 정책을 가리켰다. 백인 우월주의를 바탕으로 한 이 인종 차별 정책은 이미 17세기 중엽 백인들이 들어오면서부터 제도로 확립되어 왔었다. 그 후 종교적으로 또한 법적으로 정당화되었다. 한마디로 흑인은 물론 인도인 등 아시아계 유색 인종을 차별하는 정책이었다.

"백인은 이 땅에 영원한 주인으로 남을 것이다!"

국민당의 주장에 흑인들은 다시 한 번 치를 떨어야 했다.

총선 결과 흑인들은 더욱 암담해졌다. 다니엘 말란의 국민당이 승리했기 때문이다. 그들은 흑인뿐만 아니라 다른 유색 인종에 대한 차별 정책을 공공연하게 내세우기 시작했다.

"이제 남아프리카는 다시 우리의 땅이 되었다."

다니엘 말란의 연설을 접한 모두가 경악하지 않을 수 없었다. 하지만 올리버 탐보만은 예외였다.

"차라리 잘됐어."

그 말에 만델라가 의아해서 왜냐고 묻자 올리버 탐보가 진지하게 말했다.

"이제 누가 우리의 적인지 그리고 우리가 어떤 처지에 놓였는지 정확히 알게 될 테니까."

ANC 청년 동맹은 신속하게 정책 노선을 펼쳤다. 우선 평등 원칙에 따라 토지 개혁을 할 것을 주장했다. 또한 흑인의 기술직 취업을 금지한 법률을 폐지하고 무상으로 의무 교육을 실시할 것 등을 내세웠다.

그러나 다니엘 말란의 국민당 정부는 정권을 잡자마자 오히려 더 잔혹한 인종 차별 정책을 휘둘렀다. 온갖 악법을 도입하여 자신들의 정책을 강화시켰다. 남아프리카 흑인과 인도인, 혼혈인 등 유색인에게 주어졌던 선거권을 박탈하겠다고 발표했다. 이 '선거 분리 대표법'은 국회 안의 혼혈인 출신 의원들을 몰아내는 구실이 되었다. 1949년에는 '타인종간 결혼 금지법'을 도입했다.

"뭐, 백인과 다른 인종 사이의 사랑이 불법이라는 '비윤리법'도 제정했다고?"

"모든 남아프리카 사람에게 인종별로 등급을 정해 피부색을 평가 기준으로 삼겠다는 '인구 등록법'도 만들었대."

모든 유색인이 동요하기 시작했다. 다니엘 말란은 그것으로 그

치지 않았다. '공산주의 활동 금지법'뿐만 아니라 인종 차별 정책의 핵심이라고 할 수 있는 '집단 지역법'까지 만들었다. 인종에 따라 각각 거주 지역을 정하겠다는 것이었다.

ANC는 행동 강령을 채택하고 마침내 투쟁에 나설 것을 선언했다. 새로운 의장 모로카와 사무총장 월터 시술루 체제 아래 다시 한 번 뜻을 다졌다.

그러나 1950년에 벌어진 파업에서 불상사가 벌어졌다. 시위자들이 질서를 지키며 행진하고 있을 때였다. 정면에는 한 무리의 경찰들이 무장을 한 채 진을 치고 있었다. 그들이 갑자기 시위대를 향해 발포를 하리라고는 누구도 예상하지 못했다.

요란한 총소리가 밤하늘에 울려 퍼졌다.

"경찰이 총을 쏜다!"

누군가의 외침에 모두들 바닥에 배를 대고 엎드렸다. 그러자 진압봉을 든 경찰들이 달려와 마구 폭행하기 시작했다. 진압봉을 피한 사람들은 상점과 주택 등으로 몸을 숨겼다. 다시 총소리가 요란하게 울렸다. 창문과 벽 등에 총탄이 박히는 소리가 뒤를 이었다. 18명이 목숨을 잃고 많은 부상자가 속출했다. 하지만 국민당 정부는 탄압을 멈추지 않았다.

만델라는 희생자들 앞에 머리를 숙였다. 만델라는 '투쟁은 곧 희생이라는 것'을 깨달을 수 있었다. 투쟁을 위해 뛰어든 사람들은 가정이든 개인 생활이든 누릴 수 없는 상황이었다. 대부분이 새벽 일찍 집을 나서서 모두가 잠든 깊은 밤에나 귀가할 수 있었다.

아들 템비가 평소 아버지는 어디에 사느냐고 물었다는 말에 만델라는 미안한 마음뿐이었다. 그래서 그 무렵 태어난 둘째 아들을 대하는 심정은 더더욱 애처로웠다. 새로 태어나는 아이들에게 물려주고 싶지 않은 것들이 너무 많다는 죄책감 때문이기도 했다.

둘째 아들의 이름은 마가토로 지었다. ANC 제2대 의장을 지낸 마가토의 이름을 딴 것이다. 그는 흑인들을 시내의 인도로 다니지 못하게 하자 반대 운동을 이끌었었다. 그의 이름은 불굴의 의지와 용기를 상징했다. 그래서 둘째 아들에게 미안함을 대신하듯 강인한 정신의 이름을 선물하고 싶었는지도 모른다.

1952년 만델라는 ANC 청년 동맹 의장이 되었다. 어깨가 무거워진 만델라는 투쟁의 전술에 변화를 줄 기회라고 여겼다. 일단 부당한 법들을 폐지할 것을 요구하는 편지를 다니엘 말란에게 보냈다. 예상대로 그는 거부했다. 만델라는 6월 26일 남아프리카 전 지역에서의 대규모 파업이라는 저항 운동을 시작했다.

흑인과 인도인 그리고 혼혈인들이 마침내 하나의 목소리를 내게 되었다. 시위대는 흑인 출입 금지 지역으로 걸어 나갔다. 백인이 인종별로 등급을 정한 통행증도 갖고 있지 않았다. 자유인이라는 신분증만 가슴에 품고 있었다. 인종 차별을 반대하는 당당한 걸음으로 백인 전용 지역을 힘차게 밟고 나갔다.

"남아프리카를 돌려 달라!"

"인종 차별 정책을 철폐하라!"

"악법들을 폐지하라!"

경찰의 무차별적인 진압이 시작되었다. 시위를 지휘한 만델라를 비롯해 시위자 50여 명이 체포되었다. 만델라는 두려움마저 밟고 행진했던 시위대를 향해 진정 용감했다고 찬사를 보냈다. 용감한 사람은 '두려움을 느끼지 않는 사람이 아니라 두려움을 정복하는 사람'이기 때문이다.

모두 요하네스버그 마셜광장 유치장으로 끌려갔다. 그런데 시위대 가운데 한 사람이 가혹 행위를 당했다. 처음부터 거칠게 다루던 백인 경찰에게 떠밀려 팔목을 심하게 다친 것이다.

"사람을 고의적으로 밀치다니, 당장 사과하시오!"

발끈한 만델라가 항의했다. 백인 경찰은 기다렸다는 듯이 구둣발로 만델라의 정강이를 걷어찼다.

"흑인 주제에 감히 어디서 대들어?"

만델라는 그대로 당하고만 있을 수 없어 더 큰소리로 외쳤다.

"부상당한 저 친구가 치료받을 수 있도록 해 주시오!"

그러자 여기저기서 시위대들이 항의하기 시작했다. 비록 몇몇의 목소리였지만 그 효과는 기대 이상이었다. 경찰도 결국에는 아침 일찍 진찰받을 수 있도록 조치하겠다는 통보를 해 왔다.

만델라는 그때의 일을 잊을 수 없는 경험이었다고 회상하기도 했다.

유치장에는 오래 있지 않았지만 그 안에서 보낸 시간은 내게 소중한 경험이었다. 그곳은 지저분하고 어둡고 음침한 공간이었다. 하지만 우리는 '함께'라는 사실에 오히려 힘이 나서 환경 따위는 상관없었다. 열정으로 뭉친 동지애는 그곳에서 보낸 이틀 밤을 결코 길지 않게 해 주었다.

더 많은 사람이 저항 운동에 동참하기 시작했다. 의사와 법률가를 비롯해 교사, 목사, 노동자, 학생 등 모두가 용감하게 투쟁했다. 그들 모두 감옥 따위는 두려워하지 않았다.

"말란, 우리는 차라리 감옥에 들어가고 싶으니 감옥 문을 활짝 열어라!"

그런 내용의 노래를 부르며 저항 운동을 이어 나갔다. 비트바테르스란트에서부터 포트엘리자베스, 이스트런던, 케이프타운 등의 작은 마을까지 번져 나갔다. 사람들이 더욱 늘어나게 된 것은 저항 운동이 비폭력 정신을 내세웠기 때문이기도 했다. 만델라는 훗날 '저항 운동을 벌이는 동안 단 한 번도 우리 쪽에서 폭력을 행사하지 않았다는 사실에 자부심을 느꼈다'고 되돌아보기도 했다.

만델라는 정치 활동 금지법인 '금지령'에 몸이 묶이고 말았다. 저항 운동으로 체포된 시위자들 대부분에게 내려지는 족쇄였다. 단순히 정치적 활동만 못하게 되는 것이 아니었다. 자유롭게 여행할 수 없으며 공공장소에 모습을 보이는 것도 허락되지 않았다. 심지어 가까운 사람의 생일 파티에 참석하거나 사람들과 대화하는 것조차 금지되기도 했다. 인종 차별 정책(아파르트헤이트)에 저항하는 지도자들의 입을 막고 손발을 묶어 두겠다는 정부의 철두철미한 조치였다.

ANC 회원은 2만 명에서 10만 명으로 늘어났다. 그해 만델라는 ANC 부의장 4명 가운데 한 사람이 되었다. 활력을 일으키기 위해 앨버트 루툴리를 새 의장으로 선출하기도 했다. 그는 ANC 내에서 가장 활동적인 인물로 정부의 정책에 강력한 저항 의지를 갖고 있었다.

그동안의 노력이 결실을 맺은 해이기도 했다. 드디어 변호사 자격시험에 합격을 한 것이다. 만델라는 어느 때보다 힘을 얻고 있었다. 행동하는 투사로 생각하는 변호사로 인종 차별에 맞서 더 힘차게 싸울 자신감이 생겼기 때문이다.

만델라는 8월에 법률 사무소를 개업해 얼마간 혼자 꾸려 갔다. 그러다 다른 법률 사무소에서 일하고 있던 올리버 탐보와 곧 마음을 합쳤다. 요하네스버그 시내에 '만델라와 탐보'라는 법률 사무소를 차렸다. 유일하게 흑인 변호사들로만 구성된 법률 사무소였다. 인종 차별 정책에 대한 저항 운동과 함께 본격적인 흑인 인권 운동에 온 힘을 기울였다.

올리버 탐보는 차분한 성격으로 맡은 일을 끝까지 책임지는 듬직함을 보였다. 만델라는 뛰어난 말솜씨와 완벽한 논리를 펼쳐 강한 믿음을 주었다. 두 사람의 능력은 법정의 다른 변호사들조차 인정할 정도였다.

소문이 나기 시작하자 더 많은 흑인 고객이 찾아왔다. 만델라는 사무실로 출근하기 전 복도에서 한참을 지체해야만 했다. 아침 일찍부터 기다리고 있던 고객들의 악수와 인사를 받아야 했기 때문이다. 만델라와 올리버 탐보는 신바람이 났다. 그들 하나하나를 성심성의껏 대변해 주기 위해 퇴근 시간을 넘겨서까지 열정적으로 상담 일을 했다.

만델라는 흑인들이 얼마나 차별되고 억압된 채 살아왔는지 새삼 절감했다. 그들은 모든 면에서 법적인 도움이 필요한 약자였다. '공공장소 분리법'에 의해 백인 전용 문을 지나거나 버스를 타는 일은 흑인에게 범죄였다. 백인 전용 해변가를 산책해서도 안 되고 식수대를 사용해서도 안 되는 일이었다. 밤 11시 이후 길거리를 배회할 수 없었고 행여 통행증이 없거나 잘못 기재된 내용이 있어도 불이익을 받았다. 신분에 맞지 않는 곳에서 일하는 것도 불법이었다. 심지어 사는 곳이 없는 경우까지 죄가 되는 처지였다.

피부색이 다르다는 이유만으로 흑인들은 죄인이 되는 현실이었다. 만델라는 그것이 결코 정의가 아니라는 것을 보여 주기 위해 최선을 다했다. 사회의 약자인 흑인들을 위해 어떤 고통과 어려움을 겪게 되어도 이겨 낼 수 있다는 신념이었다. 만델라는 훗날 인터뷰에서 자신이 인생에서 배운 것은 '사회를 위해 봉사할 수 있음에 감사해야 한다는 사실'이라고 밝힌 바 있다.

정부는 흑인들과 저항 운동 지도자들 사이를 떼어 놓으려고 온갖 비열한 짓을 다했다.

"우리는 감옥에서 고통 받는데 저항 운동 지도자들은 편안하게 지낸다며?"

"고생은 우리가 하고 정작 지도자라는 사람들은 잘 먹고 잘 살고 있다니!"

정부가 퍼뜨려 놓은 유언비어였다. 소문은 삽시간에 흑인들 사이로 번져 나가 모두를 혼란스럽게 했다.

정부는 ANC 조직 내부에 첩자를 심어 놓기도 했다. 저항 운동을 하겠다는 사람이라면 누구라도 환영하는 것이 ANC의 원칙이었다. 정부는 그 점을 노려 첩자를 시위대로 위장시키기도 했다. 시위를 하다 붙잡혀 간 사람들이 며칠 뒤 경찰서에서 풀려난 일이 있었다.

그런데 한 사람만이 경찰서 문을 나서자마자 은밀히 어디론가 사라져 버렸다. 그들은 대부분 돈 때문에 양심을 저버렸다. 백인들을 상대로는 이길 수 없다는 나약함이 원인이기도 했다. 백인들은 강하고 영리해서 대적할 수 없다는 뿌리 깊은 사고방식에서 벗어나지 못했다.

반면에 백인들은 또 다른 모습으로 비치고 있었다. 어느 날 쓰레기 더미 옆에서 생선뼈에 붙은 살점을 발라먹는 백인 거지를 봤을 때였다. 백인들 사이에서도 거지는 있었지만 거리에서 마주치는 일은 거의 드물었다. 그런데 흔한 흑인 거지들과 달리 그들에게는 동전이라도 내밀어야 할 것 같은 마음이 들었다.

'우리 흑인들의 고통은 당연하게 여기면서 저 백인 거지에게는 동정이 가는 이유는 무엇일까? 남아프리카에서 흑인이 가난하고 고통스럽다는 것은 정상이지만 백인이 그렇다는 것은 비극이란 말인가.'

순간 만델라는 정부의 인종 차별 정책이 흑인들을 속이고 있다는 생각에 사로잡혔다.

인종 차별 정책에 대한 저항 운동이 절정에 이르렀을 때였다. 법률 사무소로 체포 영장을 가진 경찰들이 들이닥쳤다.

"만델라, 너를 공산주의 활동 금지법 위반 혐의로 체포한다."

정부에 반대하는 투쟁을 하면 공산주의 활동 금지법을 동원해 공산주의자로 몰아가는 현실이었다. 경찰은 이미 각 지역의 저항 운동 지도자들을 연행하고 있었다. ANC 의장을 포함해 인도인 회의 간부 등 모두 21명이 재판에 회부되었다.

재판이 열리자 정부를 규탄하는 대대적인 군중집회가 이어졌다. 그들은 매일 시가행진을 하며 요하네스버그 치안 법원으로 몰려들었다. 엄지손가락을 쳐들고 있는 그들은 각 지역에서 달려온 ANC 저항 운동가들이었다. 그들 가운데는 비트바테르스란트 대학에서 온 백인 학생들도 있었다. 더욱 놀라운 것은 초등학교와 중학교 학생으로 보이는 인도 소년들도 참가했다는 점이었다. 피부색과 나이를 초월한 시위였다. 그들의 외침 때문에 재판이 중단될 정도였다.

만델라는 그들의 뜨거운 열기를 느끼며 오히려 새롭게 단결할 수 있는 기회라고 믿었다. 하지만 그의 기대는 함께 재판에 회부되었던 모로카 때문에 물거품이 되고 말았다. ANC 상임 의장으로 저항 운동에 앞장을 서 왔던 그가 개인 변호사를 선임한 것이다.

"세상에 그런 식으로 우리를 배신하다니!"

"도저히 용납할 수 없는 행위야!"

만델라를 비롯해 모두가 경악하지 않을 수 없었다.

만델라가 설득하고자 직접 나섰지만 그는 끝내 마음을 돌리지 않았다. 더욱 참담하게 만든 것은 그가 재판에서 ANC를 비난하는 증인으로 나서겠다고 한 사실이었다.

그는 모두를 배신하고 말았다. 남아프리카에서 흑인과 백인이 평등하냐는 재판장의 질문에 그는 서슴없이 대답했다.

"백인과 흑인이 평등해지는 일은 결코 없을 것입니다."

순간 방청객들 사이에서 동요가 일기 시작했다. 만델라는 머리가 텅 빈 느낌이었다. 피고인 가운데 공산주의자가 누구냐는 다음 질문에도 그는 주저 없이 손가락으로 월터 시술루 등을 가리켰다.

만델라는 물론이고 ANC 전체가 흔들릴 만한 충격이었다. 모두가 모로카의 퇴진을 요구했다. 그는 그동안 저항 운동으로 이루어 놓은 모든 것을 한순간에 무너뜨린 배신자였다.

저항 운동에서 폭력을 쓰지 않았다는 점이 인정되었다. 그 결과 9개월의 강제 노동형과 집행 유예 2년을 선고받았다.

ANC는 허탈함 속에서 그동안 벌인 실수 등에 대해 반성을 할 수밖에 없었다.

만델라는 깊은 고민에 빠졌다. 그동안의 저항 운동에 대해 곰곰 되짚어 보았다. ANC는 사실 긴 시간 동안 저항 운동을 이어 왔다. 그 힘이 언젠가는 사라질지 모른다는 주변의 충고마저 무시한 채였다. 그런데 우려대로 저항 운동의 기세가 갑자기 수그러들기 시작했다. 모두가 허탈감에 빠지려고 했다. 만델라는 결단을 내려야 할 때라고 판단했다.

"동지들이여, 여기서 저항 운동을 중단합시다. 우리는 그동안의 노력으로 완벽하지는 못해도 만족과 성취감을 얻었습니다. 이제 시간을 갖고 우리가 새롭게 투쟁해야 할 새로운 전술을 모색해야 합니다."

만델라가 회고했듯이 '나의 열정은 저항 운동을 이어 가기를 원했지만 이성은 이제 그만 멈추라고' 말하고 있었기 때문이다. 만델라의 강한 주장에 의해 저항 운동은 1952년 말 중단되었다. 만델라는 나름대로 승리했다고 자부했다. 인종 차별 정책을 완전히 뿌리 뽑지는 못했지만 대의명분을 위해 열심히 투쟁했기 때문이다.

만델라가 평소 정신의 척추로 삼았던 신념을 다시 한 번 확인하는 순간이었다. 그것은 '강철 같은 의지와 필요한 기술만 갖춘다면 세상 어떤 불행도 자신의 승리로 변화시킬 수 있다'는 자세였다. 또한 '발전을 위한 가장 위대한 무기는 평화'라는 정신을 더욱 다질 수 있는 기회이기도 했다. 그래서 비폭력 시위라는 자칫 지켜 나가기 힘든 일을 계속할 수 있었던 것이 아니었을까.

더욱 중요한 깨달음은 그동안의 저항 운동 전술에 변화가 있어야 한다는 사실이었다.

나는 저항 운동을 통해 그동안 백인들에게 저항할 수 없다고 믿었던 과거로부터 벗어날 수 있었다. 백인들의 제도로부터 마침내 해방이 된 것이다. 그들도 내 맨주먹이 지닌 힘을 똑똑히 목격했을 것이다. 나는 이제 한 사람의 인간으로 떳떳하게 설 수 있었다. 온갖 권력과 폭력에도 무릎 꿇지 않는 당당함이 생겼다. 그 마음에서 비롯된 존엄성으로 모든 사람을 바라볼 수 있게 되었다. 이제 나는 진정한 자유 투사로 태어난 것이다.

이어지는 시련 속에서

변호사로 인권 운동가로 그리고 진정한 자유 투사로 거듭 태어난 만델라는 그러나 유명 인사가 된 것은 아니었다. 백인들 사이에서는 아직도 흑인의 한 사람에 불과했다. 특히 법원을 벗어난 만델라를 알아보는 백인은 거의 없었다.

어느 날 만델라가 변론을 마치고 사무실로 돌아가던 길이었다. 한 뚱뚱한 중년의 백인 여자가 자동차 사이에 몸이 끼어 옴짝달싹 못한 채 곤혹스러워하고 있었다. 만델라가 얼른 달려가 차를 밀어 그녀를 빠져나오게 했다.

"고마워요, 존."

그녀가 힐끔 만델라를 돌아보더니 영어로 말했다. 백인들은 이름을 모르는 흑인들에게 으레 그런 호칭을 썼다. 만델라가 답례로 미소를 지으며 막 돌아서려고 할 때였다. 그녀가 무언가를 불쑥 내밀었는데 6펜스짜리 동전이었다.

"자, 받아."

"고맙지만 사양하겠습니다."

만델라가 정중하게 거절하자 그녀의 얼굴색이 돌변했다.

"흥, 역시 흑인들이란 참. 6펜스를 마다하는 걸 보니 분명 1실링을 원하는 게로군. 하지만 어림도 없어!"

그녀는 갑자기 소리를 버럭 지르며 동전을 만델라에게 던지고 차를 몰고 떠나 버렸다. 만델라의 머릿속에는 만감이 교차했다.

'아직도 백인들은 달라진 것이 없어. 뿌리 깊은 인종 차별의 사상들을 어서 뽑아내야 할 텐데……'

저항 운동이 새로운 전술을 모색하는 것과 발맞춰 정부의 자세도 급변했다. 1953년 계엄법을 선포하고 재판 없이 구속할 수 있게 한 '공공 안전법'을 채택한 것이다. 한층 강경한 탄압 의지를 내비친 셈이었다.

하루는 올리버 탐보가 낭패스러운 얼굴로 힘없이 말했다.

"도시 구역법에 따라 시청의 허가를 받지 않으면 도심에서 사무소를 차릴 수가 없게 되었대."

서둘러 허가 신청을 내서 겨우 임시로 머물 수 있게 되었다. 하지만 얼마 후 그마저도 시효가 만료되어 쫓겨날 판이었다. 고민한 끝에 결국 도심에서 한참을 벗어난 변두리로 법률 사무소를 옮길 수밖에 없었다. 고객들이 찾아오기 힘들어지자 운영에 어려움이 생기기 시작했다.

흑인들의 삶과 정신을 더욱 옥죄는 정부의 손길은 계속되었다. 정부는 흑인들을 집단으로 강제 이주시키는 계획을 추진했다. 그들은 남아프리카를 자신들이 바라는 대로 만들기 위해 혈안이 되어 있었다. 그 가운데 만델라를 더욱 자극했던 것은 '반투 교육법'을 통과시킨 일이었다. 반투는 원래 사람을 뜻하는 말이었다. 그런데 정부는 아프리카 흑인을 지칭하는 말로 사용하기 시작했다.

흑인들의 교육을 위해 선교단이 운영했던 학교들을 정부에 넘기라는 것이었다. 말을 듣지 않으면 지원금을 줄이겠다는 일방적인 통보였다. 흑인들을 무식자나 문맹자로 만들려는 의도나 마찬가지였다. 만델라 자신 역시 선교단 운영의 학교에서 교육을 받았던 터라 더욱 암담했다.

"우리의 교육까지 말살시켜 철저하게 차별하겠다는 속셈이군!"

분개한 만델라는 등교 거부를 주장했다. 등교 거부가 시작되자 정부도 맞서 대응하고 나섰다. 등교하지 않는 학생들을 임시로 가르치고 있던 '문화 클럽'에 대한 탄압이었다. 정부는 허가를 받지 않은 교육 시설은 불법이라는 법안을 통과시켰다.

학생들은 갈 곳을 잃어버렸다. 결국 어쩔 수 없이 사립 학교에 다녀야 했다. 정부의 도움이 없는 학교라 많은 교육비가 들었다. 학부모들은 이래저래 허리띠를 졸라매야 하는 혹독한 현실에 시달렸다.

막 태어난 딸에 대한 생각 때문에 만델라는 누구보다 교육에 대한 걱정이 앞섰다. 그 딸에게 태어난 지 9개월 만에 죽은 첫째 딸의 이름인 마카지웨를 그대로 주었다. 일찍 죽은 아이를 기리고 그 정신의 끈을 이으려는 전통 가운데 하나였다.

만델라를 가정에만 머물지 못하게 하는 일이 또 생겼다. 만델라가 인종 차별에 반대하는 저항 운동을 계속 벌이자 트란스발의 변호사 협회가 단호한 입장을 보였다. 대법원에 만델라의 변호사 자격을 박탈해 달라는 소송을 낸 것이다. 언젠가는 닥칠 일이라고 예상했던 만델라는 동요하지 않았다. 그래서 만반의 준비 끝에 어려움은 있었지만 소송에서 이길 수 있었다. 그러나 한 가지 일에만은 결코 이길 수가 없었다.

1955년 만델라는 이별이라는 뼈아픈 일을 겪어야 했다. 사실 그동안 에블린과 불화가 있어 별거 중이었지만 아무도 그 사실을 몰랐다. 만델라는 겉으로는 흑인 인권을 위해 밤낮으로 뛰는 정열적인 사람이었다. 그래서 그 누구도 가정의 일로 괴로워하거나 중대한 결심까지 할 정도로 위기에 놓였다고는 상상조차 못했을 것이다.

아내 에블린은 딸 마카지웨를 낳고 얼마 후부터 한 종교에 빠지게 되었다. 만델라는 처음에는 자신이 부족해서 생긴 일시적인 문제라고 생각했었다. 변호사 일과 인권 운동 집회 등으로 가정적이지 못한 탓에 벌어진 틈이라고 여겼던 것이다. 하지만 에블린은 한번 발을 들여놓은 세계에서 쉽게 헤어나지 못했다.

"변화를 이해할 수는 있지만 지나치게 몰입되어 다른 일들을 돌볼 수 없다면 문제라고 생각해."

만델라의 말에 에블린은 오히려 설득하려고 들었다.

"당신이 정치에 매달리는 것과 다를 바 없어요. 그리고 이번 기회에 당신도 정치보다는 저와 함께 하나님을 믿어 보세요."

만델라는 평소 종교를 소중한 것이라 여기고 있었다. 하지만 그 때문에 자신의 일을 그만두거나 책임을 회피할 수는 없었다. 두 사람은 결국 서로 좁힐 수 없는 커다란 거리를 실감해야만 했다.

에블린과 헤어진 만델라는 끝까지 그녀를 존중하고 이해했다. 훗날 어느 인터뷰에서 피력했듯이 종교에 대한 편견은 없었다. 오히려 사람들이 믿는 '기독교이든 힌두교이든 이슬람교이든 종교는 세상에서 가장 큰 힘을 발휘한다'고 생각했다. 그래서 종교인이든 아니든 그런 사실을 무시한다면 커다란 실수를 범하게 될 것이라고 밝힌 바 있다. 만델라는 자신과 다른 종교에 대한 견해도 드러냈다.

다른 종교를 존중하지 않는 사람들은 세상의 불안에 대해 책임을 져야 합니다. 다른 종교에 맞설 생각으로 종교를 이용하는 것은 큰 잘못입니다. 다른 사람의 종교적 신념을 존중하는 것은 중요합니다. 자신이 믿든 안 믿든 끝까지 그런 자세를 잃지 말아야 합니다. 그렇지 않으면 다른 종교의 사람들과 화합할 수 없습니다.

만델라를 지탱해 주고 있는 정신 가운데 하나가 바로 존중 사상이라고 할 수도 있다. 그가 강조했듯이 타인의 종교를 존중하지 못하면 사람들과의 화합은 이룰 수 없기 때문이다. 그에게 있어 화합은 곧 인종을 뛰어넘는 평화를 위한 출발이자 자유를 위한 거름이다.

만델라는 여러 시련을 겪었지만 걸음을 멈출 수 없었다. 어느 때보다 흑인들의 입장을 대변하는 일에 더 매진했다. 정부에 대한 투쟁도 이어 나갔다.

1955년 6월 정부를 향해 저항의 깃발을 든 모든 단체가 움직이기 시작했다. 요하네스버그 외곽에 있는 클립타운에서 열린 '국민회의'에 참석하기 위해서였다. 작은 들판 위의 클립타운은 여러 부족이 함께 살고 있는 지역이었다. 3천여 명의 각 대표자들은 자유헌장 최종안을 결정하고 승인하기 위해 경찰의 위협을 무릅쓰고 참석했다.

만델라도 월터 시술루와 함께 클립타운으로 달려갔다. 두 사람은 모두 금지령에 발이 묶인 상태라 조심을 해야만 했다. 군중과 떨어져 멀리서 지켜볼 수밖에 없었다.

'우리에게 자유를 달라!'

'투쟁이여 영원하라!'

자유와 투쟁을 고취시키는 현수막이 곳곳에 걸려 있었다. 흑인 대표자들을 비롯해 인도인과 혼혈인들이 하나가 되었다. 평소 국민 회의에 관심을 갖고 있던 백인들의 모습도 보였다.

여러 대표자가 차례대로 나와 연설을 시작했다. 그러나 딱딱하고 지루한 시간만 이어진 것은 아니었다. 노래를 부르고 다양한 음식들이 차려져 마치 축제 분위기를 연상케 했다.

자유헌장의 내용들이 영어와 코사어 그리고 세소토어 등으로 읽혔다.

"아프리카 만세!"

그럴 때마다 군중은 큰 소리로 지지를 보냈다. 기쁨에 겨워 제 자리에서 펄쩍펄쩍 뛰며 환호성을 터뜨리는 사람들도 있었다. 국민회의 첫날은 기대 이상으로 성공적이었다.

다음 날 자유헌장의 나머지 사항들이 발표되자 군중의 가슴은 또 한 번 뜨겁게 달아올랐다.

이 땅은 그 안에 살고 있는 모든 흑인과 백인의 것이다. 국민의 뜻을 바탕으로 하지 않는 어떤 정부도 권한을 주장할 수 없다. 그동안 국민들은 불의와 불평등한 정부에 의해 토지와 자유 그리고 평화를 누릴 기본적 권리마저 빼앗겨 왔다. 우리가 동등한 권리와 기회를 갖고 친형제처럼 살지 않는다면 이 나라를 결코 발전시킬 수 없다. 자유로울 수도 없을 것이다. 국민의 뜻으로 세워진 민주주의 정부만이 피부색과 부족, 성별 그리고 개인의 신념에 구별 없이 모든 이에게 기본권을 보장해 줄 수 있다. 그래서 우리는 형제와 동료로 같은 나라 사람으로 자유헌장을 채택한다. 우리는 오늘 시작된 민주주의적 변화가 승리할 때까지 힘과 용기를 다하며 함께 투쟁해 나갈 것을 맹세한다.

그들은 국민들에 의한 민주주의를 원했다. 피부색과 남녀를 가리지 않고 모두에게 동등한 권리가 주어져야 한다고 주장했다. 국가의 이익 등은 모든 국민이 골고루 가져야 된다고 믿었다. 토지는 그것을 경작하는 사람에게 돌아가야 한다고 소리쳤다. 미국의 독립 선언과 프랑스의 인권 선언 그리고 공산당 선언처럼 큰 의미를 지닌 지침들이었다.

그때였다. 영국제 기관총을 앞세운 경찰과 특별 수사대 형사들이 우르르 몰려들었다. 군중은 두려워하지 않고 노래를 부르며 용감하게 대처했다.

경찰은 대표자들 이름을 일일이 적고 조사를 한 뒤 돌려보냈다.
멀리서 지켜보던 만델라는 동참하고 싶은 마음을 애써 누를 수밖
에 없었다. 체포되는 즉시 구속될 것이 분명했기 때문이다.

남아프리카의 눈물

1955년 9월 금지령에서 풀려난 만델라는 쿠누로 향했다. 그의 나이 서른일곱 살로 홀로 살고 있는 어머니에게 달려가는 길이었다.

잠시 그리웠던 사람들과 만나고 마음의 안정을 얻고 싶었는지도 모른다. 그 시간 속에서 아직 미로처럼 남아 있는 투쟁의 길에 대한 해답을 찾으려고 했을 것이다.

만델라를 기다린 것은 깊은 회의였다. 늙은 어머니 혼자 힘겹게 살아가고 있는 모습에서 잠시 흔들렸다. 다른 사람들의 행복을 위해 일하고 투쟁한 것이 결국 자신의 가족을 저버리는 일이 아니었을까 후회가 된 것이다.

만델라는 가볍지 않은 마음으로 서둘러 요하네스버그로 돌아왔다. 짐처럼 가슴에 남은 것들을 덜어 내는 길은 오직 하나였다. 아직도 자신을 필요로 하는 흑인, 아니 모든 사람들 속으로 뛰어드는 일이었다.

다음 해 3월 만델라는 다시 금지령에 묶이고 말았다. 5년 동안 요하네스버그를 벗어나서는 안 된다는 강경한 조치였다. 회의에도 참석할 수 없이 '똑같은 거리와 똑같은 하늘을 보며 똑같은 지역에 갇혀 있어야' 했다. 하지만 만델라는 자신을 채운 족쇄를 무시한 채 계속 저항 운동을 해 나갔다.

만델라는 어떤 일이든지 체력이 뒷받침되어야 한다고 생각했다. 긴장을 풀고 체력도 충전할 겸 잠시 쉬고 있던 권투를 시작했다. 오랜만에 체육관에 나갔지만 그동안의 공백이 힘겹게 만들었다. 헤비급에 해당되는 만델라는 스피드가 느리고 금방 숨이 차서 형편 없었다. 하지만 포기하지 않고 꾸준히 연습했다. 하루하루 연습량이 늘자 체력도 예전처럼 좋아졌고 정신마저 맑아지기 시작했다.

만델라가 권투에 남다른 매력을 갖고 있는 이유가 있다. 평소 권투는 평등하다고 믿었기 때문이다. 사각의 링 위에 서는 선수는 지위나 나이가 필요 없다. 피부색과 빈부의 차이도 문제되지 않는다. 두 사람이 똑같은 조건에서 마주한 채 승부를 내는 것이다. 또한 격렬하지만 스트레스를 해소할 수 있다. 그래서 권투는 늘 긴장 속에 살고 있는 만델라에게는 최고의 취미이자 자신을 다독이는 위안이었다. 언제 체포되어 투옥될지 모르는 현실에서의 준비이기도 했다. 평소 길러 둔 체력은 감옥에서 버텨 낼 수 있는 힘이 되기 때문이다.

만델라는 권투가 자신의 인생에 많은 도움이 되었다고 할 정도이다. 권투 연습 때문에 지친 몸으로 잠들지만 다음 날 아침이면 온몸에 힘이 솟았다. 다시 투쟁할 의지가 맨주먹에 저절로 뭉쳐지는 것을 느낄 수 있었다.

새로운 의지와 함께 맞이하던 아침은, 어느 날 요란한 발소리에 짓밟히고 말았다. 1956년 12월 5일 새벽 경찰들이 불시에 들이닥쳤다.

"너를 국가 반역죄로 체포한다!"

경찰들은 체포 영장을 보여 주며 집안 곳곳을 샅샅이 수색하기 시작했다. 만델라가 끌려간 곳은 요하네스버그 마셜광장 구치소였다. 각 지역에서 차례대로 잡혀 온 동지들의 수가 144명으로 늘어났다. 다음 날 만델라를 비롯해 모두 기소되었다. 일주일 후에는 월터 시술루와 11명이 더 체포되었다. ANC의 모든 지도자가 갇힌 셈이었다.

얼마 후 '요새'라는 이름을 가진 요하네스버그 교도소로 옮겨졌다. 그곳 한 건물로 들어서자 날카로운 고함 소리가 터졌다.

"모두 옷을 완전히 벗고 벽을 등지고 줄을 서!"

명령이자 협박이었다. 말을 듣지 않으면 당장이라도 몽둥이가 날아들 것만 같았다.

잠시 후 흰 가운을 걸친 백인 의사가 짜증스러운 얼굴로 나타났다. 그가 대충대충 진찰하기 시작했다. 진찰은 순식간에 끝나 버렸다. 모두 다시 옷을 입고 줄지어 두 개의 큰 감방 앞으로 갔다. 얇은 담요 하나씩을 지급받았다. 감방 안에는 변기가 한 개뿐이었다. 그마저도 노출되어 있어 그 안에서의 생활이 어떨지를 짐작게 했다.

흑인을 짐승처럼 취급하려는 의도였다. 하지만 만델라는 속으로 웃고 있었다. 그들이 미처 헤아리지 못했는지 한 가지 반가운 점을 발견했기 때문이다. 공동 감방은 만델라를 비롯한 투사들에게 좋은 모임 장소가 되어 주었다. 그동안 만나서 대화하는 것조차 불법이었는데 좋은 기회가 아닐 수 없었다.

재판을 기다리는 동안 만델라는 동지들과 많은 이야기를 나누었다. 매일 활동 계획을 세우고 투쟁의 노래를 부르면서 앞날을 대비했다.

2주 후 예비 재판이 열렸다. 검사의 기소가 적절한지를 판단해 대법원에 공식 기소 여부를 결정짓는 절차였다. 예상대로 모두가 국가 체제 전복과 공산 정권 수립이라는 죄명으로 기소되었다. 국가를 무너뜨리고 공산 국가를 세우려고 했다는 것이다. 사형에 해당되는 죄였다.

만델라와 동지들은 결코 흔들리지 않았다. 정부를 비판하는 여론이 높아지고 지지자들이 늘어나 오히려 사기가 올랐다. 법정 주변에도 이미 많은 지지자가 몰려와 있었다. 경비가 어느 때보다 삼엄했지만 그들의 목소리는 막지 못했다. 만델라는 마치 야유회라도 나온 것처럼 즐겁기까지 했다.

검사장은 국가 반역죄를 증명하기 위해 애를 썼다. 나중에는 다른 나라의 도움을 받아서라도 증명하겠다고 으름장을 놓았다. 그 증거물로 자유헌장을 들먹이기도 했다.

모두가 보석으로 풀려나 일단 자유의 몸이 될 수 있었다. 일주일마다 한 번씩 경찰에 그동안의 행적을 보고해야 했다. 물론 공공 집회 참석 등은 여전히 금지된 상태였다.

만델라는 흐뭇했다. 감옥에 있는 동안과 예비 재판을 받는 내내 느꼈던 뿌듯함 때문이다. 다시 만난 동지들과 많은 이야기를 나눌 수 있어 무엇보다 기뻤다. 그 가운데 젊은이들에게서는 배울 점도 많았다. 특히 그들 모두 진압봉과 총칼 앞에서도 굴하지 않는다는 사실에 큰 자극을 받았다. 어떤 무기보다 강력한 힘이었다.

만델라는 다음 날 법률 사무소로 출근했다. 그동안 밀린 일 때문에 식사도 거른 채 정신없이 보내야만 했다. 그때 평소 뚱뚱해서 놀림을 받던 통역사 한 사람이 오랜만에 찾아왔다. 그가 만델라를 보더니 안쓰럽다는 듯 말했다.

"아니, 그동안 왜 그렇게 마른 겁니까?"

그는 만델라가 평소 투옥될 것을 대비해 살찌는 것을 경계해 온 사실을 몰랐다. 살이 찌면 그만큼 먹는 양도 늘어나 식사량이 부족한 감옥에서 고생할 수밖에 없었다. 그래서 일부러 몸무게를 줄였고 감옥에서도 꾸준한 운동으로 체중 조절을 했었다. 그 결과 오히려 조금 날씬해진 것을 그는 걱정스럽게 바라본 것이다. 뚱뚱한 탓에 숨이 찬지 씩씩대고 있는 통역사를 향해 만델라가 대답했다.

"자네는 감옥 가는 것을 두려워하거나 아예 포기한 게로군. 그건 우리 코사 족은 물론 아프리카인을 모욕한 거라고."

만델라의 말에 그가 잠시 생각하더니 낄낄대며 웃기 시작했다.

1958년 1월 검사장이 정식 재판을 선언했다. 만델라를 비롯한 모두가 국가 반역죄로 재판을 받게 되었다. 만델라는 각오는 되어 있었지만 막상 현실로 닥치니 불안해졌다. 사형을 당할지 모른다는 두려움 때문이 아니었다. 투사로서 할 일이 없어진다는 사실이 더 참기 힘들었다.

정식 재판이 시작되기 바로 전 정부는 교묘한 술수를 부렸다. 갑자기 재판 장소를 요하네스버그에서 60킬로미터나 떨어진 프리토리아로 옮긴 것이다. 만델라는 물론 대부분의 동지들이 살고 있는 곳은 요하네스버그였다. 그들을 변론해 줄 변호사들도 마찬가지였다. 버스의 불편한 널빤지 의자에 앉아 장거리를 오갈 수밖에 없었다. 시간과 비용이 드는 일이었다. 모두들 넉넉하지 못한 형편이라 부담이 되었다. 체력적인 소모도 적지 않았다. 지지자들로부터 멀리 떨어져 사기마저 저하될 수밖에 없었다. 정부는 바로 그 점을 노렸던 것이다.

그 무렵 만델라에게 새로운 인연이 찾아왔다. 버스 정류장에서 우연히 마주친 여자였다. 마음속에 담아 두고 있던 그녀를 얼마 후 다시 보게 되었다. 그것도 자신의 법률 사무소에서였다. 만델라는 올리버 탐보와 상담하고 있는 그녀를 보는 순간 숨이 멎을 것만 같았다. 결혼에 실패했고 투사의 길을 가는 몸이었지만 그도 감정 앞에서는 어쩔 수가 없었다.

스물두 살의 그녀 이름은 위니였다. 사회사업을 공부한 뒤 병원에서 일하고 있었다. 그녀와 급속도로 가까워질 수 있었던 이유는 편안하게 해 주는 마음씨 때문이었다. 그녀는 만델라가 앞으로 치러야 할 재판과 다른 여러 어려움 등을 진심으로 들어주었다. 결혼을 했다는 사실과 넉넉하지 못한 생활 형편에 대해서도 이해했다. 모든 면에서 지쳐 가고 있던 만델라에게 그녀는 햇살과도 같은 존재였다.

그해 6월 14일 결혼식을 올렸다. 비록 재판에 회부되어 있는 상황이지만 만델라는 희망을 보았다. 두 번째 기회를 놓치지 않기 위해 다짐을 했다. 그녀에 대한 사랑은 곧 자신이 투쟁할 수 있는 힘이라고 믿었다.

위니와의 사이에서 태어난 딸의 이름은 제나니였다. '너는 이 세상에 무엇을 갖고 왔는가?' 라는 뜻이라며 추천해 주었다. 만델라는 사람은 세상을 위해 무언가를 공헌해야 한다는 생각에 반대하지 않았다.

기쁨 뒤에는 어두운 그림자가 기다리고 있는 것일까. 행복한 결혼 생활도 잠깐이었다. 국가 반역죄에 대한 정식 재판이 계속되고 있어 점점 여유가 줄어들었다. 재판을 받으면서 법률 사무소의 일까지 계속해야만 했다. 그런데 재판 때문에 차츰 변호사 일에 차질이 생겼다. 경제적인 어려움을 겪을 수밖에 없었다.

1959년 ANC에서 새로운 단체 하나가 분리되어 나갔다. 흑인 민족주의자 단체인 범아프리카 회의(Pan African Congress, PAC)였다. 그들은 ANC와 경쟁을 하듯 시위를 벌이기 시작했다. 그 과정에서 비극적인 사건이 벌어졌다.

1960년 통행증을 갖고 다녀야 하는 대상이 확대되었다. 수천 명의 시위대가 항의하기 위해 요하네스버그 남쪽 샤프빌에 모였다. 그들은 평화적인 시위를 벌였다. 그런데 비무장 상태였던 시위대를 향해 경찰이 총격을 가했다.

탕탕탕탕탕!

시위대가 놀라 흩어져 도망치는데도 총소리는 이어졌다. 한차례의 폭풍이 지나자 길거리에는 널브러진 시체와 그들이 흘린 피로 낭자했다. 흑인 60여 명이 죽었다. 대부분 도망치다 등에 총탄을 맞은 채였다. 수십 명의 여자와 어린이 등 400명 이상이 부상을 당하기도 했다.

공개적인 학살이었다.

다음 날 세계 여러 나라에서 발행된 신문에는 '샤프빌 흑인 학살 사건'의 잔혹한 만행이 사진과 함께 보도되었다. 샤프빌 총격 사건이 전해지자 전국적인 폭동이 일어났다. 정부는 크게 당황했다. 더군다나 미국을 비롯한 전 세계가 한 목소리로 정부를 비난하고 있었다. 유엔도 처음으로 인종 평등을 위한 조치를 취하라며 간섭하고 나섰다. 경제는 마비가 되고 사람들은 남아프리카를 떠나기 위해 이민을 준비하기도 했다.

만델라는 월터 시술루 등과 대책을 논의하기 위해 연일 밤을 새웠다.

"기회는 지금이야. 사람들에게 그동안 참았던 분노와 슬픔을 터뜨릴 수 있도록 출구를 열어 주어야 해."

만델라의 말에 월터 시술루도 찬성을 했다.

만델라는 수백 명의 군중과 언론사 기자들 앞에서 자신의 통행증을 불태웠다. 사람들이 갑자기 격렬하게 소리치며 흥분하기 시작했다. 감정을 억누르지 못한 채 눈물을 흘리는 사람들도 있었다.

정부의 발포에 항의하는 시위가 곳곳에서 이어졌다. 당황한 정부는 비상사태를 선포했다. 어떤 사태에도 무력 진압을 할 수 있도록 권한을 강화했다. 흑인들은 더 쉽게 잡혀갔고 인권은 아예 사라지고 말았다. 남아프리카는 계엄령 아래 놓이게 되었다.

올리버 탐보가 망명길에 올랐다. 그러나 도피가 아니었다. 그는 1990년 귀국할 때까지 30년간 해외에서 무장 투쟁과 외교 전술 등을 지휘하는 역할을 수행한다. 또한 1969년부터는 앨버트 루툴리의 뒤를 이어 ANC 의장으로 저항 운동에 헌신한다.

만델라는 크리스마스를 맞이해 재판이 잠시 쉬는 사이 트란스케이로 달려갔다. 금지령을 위반할 수밖에 없는 다급한 일이 생겼다. 그곳에서 학교를 다니고 있는 마가토가 아팠다. 마가토의 상태는 수술을 받아야 할 만큼 심각했다. 만델라는 급히 입원 수속을 밟고 에블린에게도 연락을 했다.

한편 위니는 또 딸을 낳았다. 만델라는 진드지라는 이름을 지어주었다. 힐드타운에 다닐 때 깊은 감명을 주었던 시인 사무엘 E.K. 음카이의 딸 이름이었다.

1961년 3월 4년간 이어졌던 재판의 마지막 날이 밝았다. 판사가 최종 판결을 내렸다.

"아프리카 민족 회의가 공산주의 단체임을 검사 측은 입증하지 못했다. 또한 자유헌장이 공산 국가를 세우기 위한 목적으로 만들어졌다고 볼 수 없다. 그러므로 만델라를 포함해 모든 피고인에게 무죄를 선고한다."

만델라가 석방되자 수많은 지지자가 몰려와 박수를 보내며 축하를 했다. 만델라는 그들을 뒤로 한 채 혼자 발길을 돌렸다. 법률 사무소도 집도 아닌 다른 곳으로 향했다.

만델라의 가슴에는 더욱 커다란 불길이 타올랐다.

'정부는 또 죄를 만들어 나를 체포하려 들겠지. 하지만 그대로 당하지만은 않겠어!'

그때부터 만델라는 신분을 감춘 채 본격적인 지하 활동에 들어갔다. 철저하게 자신을 숨겼다. 사람들의 시선을 피해 낮에는 숨어 지내고 밤에만 활동했다. 운전기사나 정원사 등으로 변장해 집회에 참석하고 연설을 했다.

대규모 파업을 계획하기도 했다. 정부는 집회 금지 등의 조치를 취하고 자유 운동가들을 잡아들였다. 그러나 소용이 없었다. 전국에서 파업이 시작되자 수만 명이 참가했다. 파업이 성공적으로 이루어지자 만델라는 더 큰 희망을 보았다.

예상대로 경찰이 만델라를 쫓기 시작했다. 전국의 도로마다 검문소가 설치되었다. 매일 신문에는 만델라의 흔적들이 실렸다. 만델라가 어디 어디에서 출몰했다가 사라졌다는 등의 기사였다.

그 무렵 만델라에게 새로운 별명이 생기기도 했다. 신출귀몰한 만델라를 '검은 별봄맞이꽃'이라 부르기 시작한 것이다. 프랑스 혁명 때 경찰의 체포망을 용감하게 뚫고 다녔던 영국인의 모험담을 그린 '주홍 별봄맞이꽃'에 빗댄 것이다. 헝가리 출신의 영국 소설가 오르치의 소설이다.

만델라는 그 별명에 걸맞게 전국을 암암리에 누비고 다녔다. 수염을 기르고 낡은 작업복 차림으로 차를 몰았다. 빵모자까지 쓰고 있어 사람들은 정말 만델라를 운전기사나 정원사 정도로 생각했다. 만델라는 변장을 한 채 활동하면서 군사 교육에 관련된 책을 구해 읽고 연구하는 일도 잊지 않았다.

경찰의 추적을 피하는 방법도 스스로 터득할 수 있었다. 경찰의 미행을 따돌리고 집에 들러 위니와 아이들을 잠깐 만나기까지 했다. 경찰이 들이닥치기 전에 신속히 창문으로 빠져나오는 방법을 이용했다. 몇 번 간발의 차이로 잡힐 뻔도 했었지만 다행히 몸을 피할 수 있었다.

만델라는 마치 그림자처럼 각 지역을 돌며 수많은 사람을 만났다. 그들과 비밀리에 생각을 나누고 투쟁을 위한 집회를 가졌다. 그럴 때마다 희생당한 수많은 사람의 고통이 떠올랐다. 그들을 죽음으로 몰아간 정부에 대한 분노가 사라지지 않았다. 그 분노 끝에는 굳은 결의가 있었다.

'그들의 희생은 다음 세대에게 꿈을 주는 위대한 유산이다. 나 역

시 어떤 일이든 하겠어!'

만델라는 더욱 저항 운동에 박차를 가했다. 신문 기자들에게 전화를 걸어 무엇을 계획하고 있는지를 공공연하게 알렸다. 정부와 경찰이 얼마나 어리석고 무능한지 논리정연하게 설명해 혼란에 빠뜨리기도 했다.

어느 날 만델라는 자신의 행동에 대해 깊이 생각하게 되었다. 보다 실질적인 대응과 행동이 필요하다는 절심함이었다. 만델라는 새롭게 변화되는 자신을 느낄 수 있었다.

'더 이상 비폭력의 평화적인 저항 운동은 효과가 없어. 그렇다면 남은 방법은……'

만델라는 1961년 6월 ANC 지도부에 자신의 뜻을 전했다.

"무력 투쟁을 하자고요? 우리가 폭력을 쓴다면 정부는 더 큰 힘으로 짓밟으려고 할 것이오!"

지도부는 강력하게 반대 입장을 내세웠다.

"맹수와 싸우려면 맨손으로는 절대 안 됩니다. 샤프빌에서 있었던 학살 사건을 벌써 잊으셨습니까?"

만델라는 계속 설득했지만 전국 집행 위원회로 결정이 넘겨졌다. 앨버트 루툴리 의장은 끝내 반대의 뜻을 비쳤다.

"우리 ANC는 50년이라는 긴 세월 동안 비폭력을 원칙으로 삼아 왔습니다. 그런데 갑자기 무장 투쟁을 선언하면 불법 단체로 낙인

찍힐 수가 있어요. 대중들의 지지를 잃게 되는 위험한 일이기도 합니다."

ANC의 지도 아래 독립적인 조직을 만들어 무장 투쟁을 하는 것으로 결론을 냈다.

만델라도 한발 물러설 수밖에 없었다. ANC 전체의 힘은 얻을 수 없었지만 자신을 중심으로 새로운 투쟁을 펼칠 생각이었다.

밤거리를 걷던 만델라가 걸음을 세웠다. 눈앞에 백인 전용 구역을 알리는 나무 표지판이 길을 막듯 서 있었다. 순간 만델라의 눈빛이 돌변했다. 표지판을 향해 주먹을 날린 것은 거의 무의식중이었다. 표지판이 부서져 밤거리로 나뒹굴었다.

만델라가 분노에 찬 목소리를 내뱉었다.

"이제 우리를 무력으로 막는 자는 더 큰 아픔을 경험하게 될 것이다!"

무장 투쟁의 시작

만델라는 처음 의욕과는 달리 망설이고 있는 자신을 발견했다. 군대라는 조직에 대한 경험이 전혀 없다는 것이 원인이었다. 전투를 벌인 적도 적을 향해 총을 쏴 본 일도 없었다.

처음부터 만델라가 추구했던 것은 비무장 비폭력 저항 운동이었다. 그런 그가 무장 투쟁을 선언한 것은 단순히 무력을 위한 것이 아니었다. 쟁취할 목표에 대한 보다 적극적인 수단의 필요성 때문이었다. 그 직접적인 동기는 샤프빌 학살 사건에 대한 충격과 분노 그리고 슬픔이었다. 그러나 쉽게 실천할 수 없었다. 누구보다 폭력을 싫어했고 평화를 원했던 투사의 고통스러운 갈등이었다.

"군사 조직을 만든다는 게 한편으로는 겁이 나요."

만델라가 힘없이 말하자 월터 시술루가 용기를 주었다.

"한 번도 해 보지 않은 일이기 때문에 누구보다 잘할 수 있다고 생각하게."

잠시 고심하던 만델라가 천천히 고개를 끄덕였다. 무장이든 비무장이든 투사는 자신과의 싸움에서 먼저 이겨야 한다는 생각이었다.

무장 조직의 이름은 '민족의 창(Spear of the Nation)'으로 흔히 MK 라고 했다. 조직의 상징은 창이었다. 창은 단순한 무기지만 아프리카인에게는 남다른 의미가 있었다. 오랜 역사 동안 그것으로 백인들에게 저항하며 살아왔던 것이다.

최고 사령관이 된 만델라는 월터 시술루와 백인 조 슬로보를 사령관에 임명했다. 원래 ANC에는 백인이 참여할 수 없었지만 MK 는 예외였다.

"우리의 임무는 정부에 대항하여 무력을 펼치는 것이다!"

MK는 결의를 다졌다. 그 이상의 행동은 무리였다. 이제 막 급조된 소규모 무장 조직으로 혁명을 꿈꿀 수는 없었다. 무자비한 테러를 감행할 수도 없었다. 대중들의 지지를 잃게 되는 가장 큰 잘못이 바로 무차별적인 테러라는 판단이었다.

MK가 선택한 것은 정부의 재산을 파괴하고 경제 활동을 방해하는 사보타주(sabotage)와 게릴라전이었다. 정부에 최대의 피해를 줄 수 있는 방법을 모색했다. 만델라는 우선 독서와 전문가들과의 만남을 통해 그 답을 얻고자 했다. 혁명을 시작하기 전 그 기본 원리를 탄탄하게 쌓고 싶었다.

여러 관련 서적을 탐독하고 자료들을 모았다. 무장 투쟁 중에서도 게릴라전에 관한 모든 자료를 뒤져 연구를 거듭했다. 역사 공부도 병행했다. 어릴 때 아버지로부터 들은 코사 족 전사의 영웅담과 역사 속 전쟁 이야기를 다시 떠올렸다. 여러 추장에게서 들었던 뼈 아픈 아프리카의 역사를 되짚었다. 아프리카인들끼리 벌인 전쟁을 비롯해 백인과의 전쟁 그리고 백인들끼리의 전쟁까지 철저하게 파헤쳤다.

전국의 주요 산업 시설과 교통망 그리고 통신망에 이르기까지 폭넓은 조사도 잊지 않았다. 정보가 담긴 지도를 모으고 전국의 다양한 지형에 대해서도 체계적으로 분석했다.

만델라는 시내 변두리에 있는 오래된 벽돌 공장으로 향했다. 그동안 폭약 설치법을 훈련하고 있었는데 그 시험을 위해서였다. 벽돌 공장에서의 폭파 작업은 흔히 있는 일이었다. 벽돌의 재료인 진흙을 잘게 부수기 위해 다이너마이트를 종종 터뜨렸기에 의심받을 일은 없었다.

한밤중이라 주위는 암흑이었다. 손전등 불빛 아래서 모든 작업이 이루어졌다. 잠시 후 폭약에 시한장치의 설치가 끝나자 뒤로 물러서라는 신호가 떨어졌다. 정확히 30초 후 굉음을 내며 폭탄이 터졌다. 만델라를 포함해 그곳에 모인 사람들은 한껏 들뜨기 시작했다. 폭파 시험은 대성공이었다.

정부를 향해 저항과 응징의 폭탄을 던질 때가 되었다. 모두들 곧 벌어질 결과에 대한 기대감에 부풀어 있었다. 그때 기쁜 소식이 날아들었다. 의장 앨버트 루툴리가 아프리카 흑인 최초로 노벨 평화상 수상자에 선정된 것이다. 모두 환호성을 터뜨리며 서로 얼싸안았다. 지도자 개인을 격려하는 것과 동시에 그동안의 투쟁을 인정하는 일이었다. 반면에 정부에게는 모욕적인 결과였다.

"납작해진 정부의 자존심을 더 짓밟아 주자!"

만델라는 12월 16일로 거사 날짜를 정했다. 1838년 피의 강 전투에서 줄루 족 지도자 딩간이 백인들에 의해 무너진 날이었다. 백인들에게는 승리의 기념일이었고 흑인들에게는 애도의 날이었다.

콰앙-

요하네스버그와 포트엘리자베스 그리고 더반에 있는 관청과 발전소에서 폭발음이 이어졌다. 기대만큼 커다란 타격은 주지 못했지만 성공적이었다. 그 과정에서 MK 요원 한 사람이 목숨을 잃어 모두를 안타깝게 했다. 그러나 모두가 희생을 각오하고 있던 상황이라 크게 동요하지는 않았다.

MK는 자신들의 존재를 알리는 선언문을 전국에 배포했다.

오늘 MK 한 분대가 정부의 시설물을 향해 계획했던 공격을 감행했다. 그 시설물은 인종 차별 정책과 연관이 있는 곳이다. MK는 아프리카인들이 결성한 새로운 독립 기구임을 밝힌다. MK는 앞으로도 자유와 민주주의를 위한 투쟁을 계속 펼칠 것이다.

정부는 긴장하기 시작했다. 비록 시설물들의 파괴 정도는 약했지만 그것이 주는 의미는 컸다. 정부에 대한 정면 도전이었다. 하지만 그들은 어리석은 자들의 어설픈 행동이라며 겉으로는 대수롭지 않게 받아들이려고 했다.

남아프리카 흑인 전체에게는 의미 있고 획기적인 사건이었다. 그들은 MK가 말보다는 행동을 위한 조직이라는 점을 확실히 깨달았다. 백인의 권력에 직접적인 공격을 가하는 새로운 존재임을 강하게 인식했다. 그때까지 경험하지 못했던 엄청난 힘이었다. 자신들도 백인을 향해 타격을 줄 수 있다는 자신감이자 용기였다. 폭력과 무력이 최선이 아니라는 사실은 알고 있지만 어쩔 수 없는 현실이었다. 평화적인 저항 운동의 한계를 절감하고 있던 그들은 오히려 환영하는 분위기였다.

MK는 1962년 새해가 밝기 전날 밤 다시금 폭파 공격을 감행했다. 고요한 어둠을 깨우는 폭발음이 이어졌다. 새해를 알리는 종소리와 함께 다급한 사이렌 소리가 거리를 뒤덮었다. 주요 길목마다 출동한 경찰 특수 부대의 고함 소리로 요란했다. 그들은 수단과 방법을 가리지 않고 MK 요원 색출에 혈안이 되었다.

만델라는 비행기에 몸을 실었다. 정식 절차를 거치지 않은 불법 출국이었다. 2월 아프리카 동부 에티오피아의 수도 아디스아바바에서 열리는 회담에 참석하기 위해서였다. 아프리카의 동부, 중부, 남부를 총괄하는 '범아프리카 자유 운동 기구'로부터 초대장을 받았다. 훗날의 '아프리카 단결 기구'인 이 조직은 아프리카 독립국들의 결속과 해방 운동을 확산시키기 위해 결성되었다.

"우리에게 좋은 기회이니 만델라 당신만을 믿소."

"그렇소. 우리를 여러 나라와 연결시켜 줄 것이오."

"MK를 위해 지원과 훈련에 필요한 도움을 부탁할 기회이기도 하니 절대 놓치지 마시오."

모두들 만델라가 ANC 대표단을 이끌고 회담에 참석해 줄 것을 원했다. 만델라는 처음에 망설일 수밖에 없었다. 어떤 일이 있어도 조국을 떠나지 않고 지하 활동을 이어 나가겠다는 것이 평소 소신이었다. 하지만 모두가 자신을 원하고 있고 중대한 일이라 마음을 돌렸다. 단순히 회담에 참석하는 것이 아니라 그 이상의 임무도 있었다. 새로운 군대를 위해 모든 면에서 지원을 약속받아야 하는 사명이었다. 일단 아프리카 전 지역에 MK의 존재와 가치를 알리는 것이 순서였다.

'아프리카 어느 곳에서든지 우리 군대가 훈련을 받을 수 있도록 해야 한다.'

비행기 창 아래로 펼쳐진 아프리카 땅을 바라보며 만델라는 두 주먹을 불끈 쥐었다. 아름다운 그 땅에 자유와 평등 그리고 평화의 물결이 넘실대기를 소망했다. 그리고 아쉬운 작별을 해야만 했던 위니와 아이들을 떠올렸다. 그들에게도 어서 희망과 행복을 안겨 주고 싶었다.

회담이 열리는 동안 만델라는 MK의 의미와 투쟁 목적 등을 강조하며 열변을 토했다. 회담을 마치자마자 아프리카 각 나라들을 차례대로 방문했다. 최근 식민 통치에서 벗어난 여러 독립 국가 지도자들을 만날 때마다 가슴이 벅찼다. 그들과의 대화에서 남아프리카의 희망을 다시 한 번 그려 볼 수 있었다.

만델라는 아프리카 각 지역에서 타올랐던 저항 운동을 되짚어 보았다. 유럽 제국주의에 의해 주권을 빼앗긴 여러 나라는 그동안 독립에 대한 갈망으로 많은 희생을 치렀다. 1914년 에티오피아와 라이베리아를 제외한 아프리카 전 지역이 정복당하자 저항 운동의 불씨가 일어났다. 수단에서 백인들을 몰아내자는 운동을 벌인 결과 수많은 사람이 목숨을 잃었다. 로디지아에서도 반란이 시작되자 곳곳에서 무력 충돌이 벌어졌다. 특히 나미비아 헤레로 족은 재산을 빼앗긴 데 저항하다 부족의 80%가 총탄에 희생당하기도 했다. 탄자니아도 저항의 깃발 아래 수많은 사람이 죽었다. 모두가 상대적으로 강한 군대에 짓밟힌 비극이었다.

'중요한 사실은 질 것을 뻔히 알면서도 그들은 포기하지 않았다는 점이야.'

만델라는 절박하게 필요한 또 한 가지를 새삼 깨달았다. 바로 강한 군대였다.

프랑스로부터 독립한 알제리를 방문했을 때 만델라는 자신의 선택이 옳았다는 것을 다시 확인했다. 알제리는 그동안 백인들에 의해 모든 것을 강탈당한 채 시달려 왔었다. 그러다 지난 1954년 11월 알제리 민족 해방 전선으로 한뜻을 모은 민족주의 운동이 불붙었다. 각 지역에서 타오른 저항 운동은 수많은 사상자를 내며 무려 8년이나 지속되었다. 프랑스가 거세게 알제리의 저항 운동을 진압한 데는 이유가 있었다. 베트남을 잃어버렸던 터라 알제리만큼은 포기할 수 없었다. 그러나 알제리는 무장 투쟁으로 끝까지 저항해 1962년 자유를 찾을 수 있었다.

영국 방문까지 마친 만델라는 다시 아디스아바바로 향했다. 그곳에서 6개월 간 군사 훈련을 받기로 예정되어 있었다.

만델라에게 있어 군사 훈련은 많은 의미를 주었다. 일단 보다 조직적인 군대를 위해 필요했다. 완벽한 승리를 위한 기초이자 출발이었다. 육체적인 단련은 물론 정신적인 무장 역시 절실했다. 그래서 강도 높은 훈련에도 자청해서 참가하는 열의를 보였다.

아침 일찍부터 시작된 고된 훈련과 교육은 저녁때까지 이어졌다. 지친 나머지 몇 번이고 쓰러졌지만 만델라는 그럴 때마다 조국을 생각했다. 자신의 힘든 시간은 곧 조국의 평화를 위한 밑거름이라고 자부했다.

나는 여기서 군사 기술에 관한 모든 것을 배울 수 있었다. 전투에 대한 기초 지식이 없어 처음에는 어려움이 많았다. 그런 상황에서 자동 소총과 권총 사용법을 배우고 열심히 사격 훈련을 했다. 폭파 기술과 박격포 사격술 그리고 지뢰 제작 방법과 그것을 피해 가는 기술도 익혔다. 나는 차츰 군인이 되어 가고 있다는 사실에 뿌듯했다. 모든 것을 군인의 시각에서 사고하고 행동하기 시작했다. 먼 거리를 행군하는 시간에도 처음과는 달리 피곤함을 잊을 수 있었다. 항상 게릴라 부대를 어떻게 지휘하고 훈련시킬까를 생각했다.

군사 훈련을 모두 마치지 못한 채 2개월 만에 귀국길에 올라야했다. 더 완벽한 군인이 되고 싶었지만 ANC로부터 귀국하라는 긴급 지시가 날아왔다.

만델라는 비밀리에 국경을 넘어 다시 조국 땅을 밟았다. 아직도 변하지 않고 있는 어두운 그림자에 마음이 아팠다. 예전보다 더 몸

을 숨겨야 하는 상황이라 심정은 착잡하기만 했다. 만델라는 이미
파업 선동과 불법 출국 혐의로 수배가 된 상태였다.

4장

평화의 상징이 된 사람

투쟁의 전선이 아닌 감옥으로

만델라는 그리웠던 가족 품으로 달려갈 수는 없었다. 그 전에 처리해야 할 더 시급한 일이 있었다.

그동안의 활동 사항을 보고하고 실천할 행동 지침 등을 논의해야 했다. 일단 앨버트 루툴리를 만난 뒤 많은 사람과 비밀 집회를 가질 예정이었다.

만델라는 주변의 경비가 더욱 삼엄해졌음을 직감했다. 사실 경찰은 만델라의 입국을 예상하고 몇 주 전부터 비상 대기 중이었다. 만델라가 아디스아바바에 있을 때인 6월 신문에는 이미 '검은 별봄맞이꽃 귀국 예정'이라는 기사가 실렸었다.

만델라는 그루트빌 시내로 몰래 잠입했다. 큰길로 막 접어들었을 때였다. 정면에서 순찰 중이던 경찰 두 명이 걸어오는 것이 보였다. 만델라는 본능적으로 품속에 있는 권총을 확인했다. 그러나 섣부른 행동으로 문제를 일으킬 수는 없었다. 만델라는 짧은 기간이었지만 군사 훈련 덕분에 행동과 판단에 있어 신속 정확했다. 만델라는 자연스럽게 걷다가 그들이 대화를 나누는 틈을 이용해 옆 골목으로 몸을 숨겼다.

쫓기는 신세가 된 지 오래되어 경찰의 추격을 따돌리는 것은 이제 이골이 난 상태였다. 행여 미행을 받고 있어도 당황하지 않고 침착하게 그들을 유유히 따돌릴 정도였다. 한번은 눈앞에서 놓친 자신을 찾느라 우왕좌왕하는 경찰들을 가까이서 지켜보며 비웃은 적도 있었다.

만델라는 검은 별봄맞이꽃이란 별명답게 체포의 그물망을 뚫고 앨버트 루툴리를 만났다. 그동안의 상황과 앞으로의 대처 방안에 대해 설명했다. 그는 확실한 대답 대신 토론을 더 가진 뒤 생각해 보자는 입장을 보였다. 몸조심하라는 그의 배웅을 받으며 만델라는 주변의 다른 지역으로 신속히 이동했다. 그곳에서 몇 차례 비밀 집회를 갖고 서둘러 더반에 있는 MK 지역 사령부로 향했다.

"지금까지 해 온 방식으로 투쟁을 이어 나갈 것이오. 하지만 만약에 더 이상 효과가 없다면 게릴라전으로 전환할 수도 있습니다."

만델라는 여러 사람 앞에서 단호한 자세를 보였다. MK 지역 요원들은 대부분 호응하는 분위기였다. 만델라는 반가우면서도 한편으로는 우울한 기분에 사로잡혔다. 누구보다 평화를 원했고 폭력을 싫어했던 그들의 변화된 모습에 마음이 아팠다.

만델라는 경호와 안내를 맡은 요원들과 차에 올랐다. 만델라는 차 안에서도 사람들과 앞으로의 계획에 대해 진지하게 토론했다. 차가 요하네스버그로 향하는 고속도로에 진입했을 무렵이었다. 백인들을 가득 태운 차 한 대가 옆을 빠르게 지나갔다.

"저 차 수상한데!"

순간 운전하던 요원이 다급히 소리쳤다. 그때 역시 백인들을 태운 다른 두 대의 차가 옆과 뒤에서 바싹 붙기 시작했다. 만델라는 순간 두 눈을 감았다. 그들의 추적을 피해 다녔던 1년 6개월 남짓의 자유가 끝나는 순간임을 직감했다.

만델라가 탄 차는 꼼짝없이 갇힌 신세였다. 차가 속도를 줄였을 때 '뛰어내려 숲속으로 달아날까 생각도 했지만 숨기도 전에 총에 맞았을 것'이라고 회상할 만큼 위기였다. 차를 세울 수밖에 없는 상황이었다. 만델라는 급히 품속에 있던 권총과 메모 수첩을 좌석 사이 깊숙한 곳에 숨겼다. 그것이 발견되면 더 많은 사람이 곤혹을 치를 게 뻔했다.

차가 멈추자 사복을 입은 백인 경찰들이 총을 겨눈 채 달려들었다. 만델라와 요원들은 별수 없이 체포되고 말았다.

경찰서 유치장에서 하룻밤을 보내며 만델라는 고민에 빠졌다.

'언제든지 이런 상황이 오리라 각오하며 살아왔었다. 그런데 갑자기 전혀 준비가 안 된 사람처럼 허둥대고 있다니. 지금의 내 모습은 대체 무엇일까?'

만델라는 불안해지기 시작했다. 경찰서에 와서 알게 된 사실들 때문에 마음이 더 쉽게 가라앉지 않았다. 누군가의 밀고가 있었다는 것이다. 또한 만델라의 정확한 귀국 날짜를 알아내기 위해 경찰이 위니까지 괴롭혔다는 사실도 전해 들었다.

뜬눈으로 밤을 새운 만델라는 새로운 각오로 아침을 맞이했다. 밤새 머릿속을 떠나지 않던 혼란의 흔적들을 씻어 낸 뒤였다. 더 참담한 상황에 처한다 해도 남을 원망하지 않겠다고 다짐했다. 누가 또 배신을 하든 누가 자신을 다시 가두든 상관없었다. 어차피 그것마저 헤쳐나가야 할 시련의 과정들이었다. 원망하고 움츠릴 시간조차 아까웠다.

아침 일찍 출발한 호송차가 도착한 곳은 요하네스버그 외곽이었다. 호송차가 멈추자 갑자기 경찰이 만델라에게 수갑을 채웠다. 만델라는 일사불란한 그들에 의해 다른 차로 옮겨졌다. 그때 기다리고 있던 다른 경찰들이 더 철통 같은 경호를 펼쳤다. 만델라를 실은 승합차는 마셜광장 구치소로 향했다. 승합차 앞과 뒤로 경찰차들이 에워싸듯 함께 달렸다.

"체포될 때도 감옥으로 갈 때도 많은 경찰이 출동하는 걸 보니 내가 정말 유명한가 보군."

만델라는 일부러 여유를 부리듯 농담을 던졌다. 그러나 양쪽에 바싹 붙어 있는 경찰들은 물론 모두가 아무런 반응이 없었다. 오히려 잔뜩 긴장된 얼굴로 주위를 살피기에 바빴다.

만델라는 그때서야 왜 경찰들이 필요 이상으로 출동했는지를 짐작할 수 있었다. 그들은 행여 MK 요원들이 기습할지도 모른다고 우려했던 것이다.

독방에 갇힌 만델라는 어젯밤처럼 쉽게 잠을 이룰 수 없었다. 고민 때문이 아니라 내일부터 펼쳐야 할 새로운 전략을 짜기 위해서였다.

그때 옆방에서 기침 소리가 들려왔다. 처음에는 대수롭지 않게 여겼는데 문득 익숙한 소리에 귀가 번쩍 열렸다. 만델라는 철창 쪽으로 다가가 나지막이 한 사람의 이름을 불렀다. 예상대로 곧 월터 시술루의 목소리가 들려왔다. 서로를 확인한 두 사람은 동시에 웃음을 터뜨렸다.

"허허허……."

"흐흐흐……."

반가움과 안도감 그리고 놀라움과 허탈감이 뒤섞인 작은 웃음소리였다.

재판이 시작되었다. 만델라는 법정의 분위기가 사뭇 다르다는 것을 피부로 느낄 수 있었다. 사람들의 시선은 자신이 변호사로 섰을 때 보았던 것과는 전혀 달랐다.

판사는 나를 정면으로 쳐다보지 못했다. 변호사들도 난처한 기색이 역력했다. 나는 그때 새로운 사실 하나를 발견할 수 있었다. 그들이 불편해했던 이유는 동료였던 사람이 피고석에 서 있기 때문만은 아니었다. 한 사람이 자신의 신념 때문에 처벌을 받고 있다는 사실 때문이었다.

만델라는 미래에 대한 가능성을 확인했다. 자신의 역할을 더 확실히 깨달은 순간이었다.

만델라는 불의와 부정 앞에 맞선 정의의 상징이었다. 자유와 정의 그리고 민주주의를 대변하는 존재였다. 그래서 '적의 요새 안에서도 투쟁을 계속해 나갈 수 있다는 사실'을 굳게 믿었다.

기소장이 낭독되었는데 파업 선동과 불법으로 출국한 혐의 등이었다. 정부의 강경한 태도를 볼 때 최고 10년의 징역형이 예상되었다. 만델라는 속으로 조금은 안도했다. 자신이 MK와 관련된 어떤 증거도 확보하지 못한 것 같았다. 만약에 증거가 있었다면 반역죄에 처해졌을 것이다. 나중에서야 차 안에서 급히 숨긴 권총과 수첩이 어떤 이유에서인지 발견되지 않았다는 사실을 알게 되었다.

만델라는 교도소 '요새'로 호송되는 동안 동지들을 떠올렸다. 할 수만 있다면 그들이 체포되지 않도록 모든 책임을 떠안고 싶었다. 감옥에 갇힌 자신을 대신해 아직 해야 할 일이 남았기 때문이다.

만델라는 며칠 뒤 프리토리아 지방 교도소로 옮겨졌다. 정치범 신분으로 수감된 만델라는 무기력하게 보낼 수만은 없었다. 자신을 재무장하기 위한 준비를 서둘렀다. 변호사 개업 자격을 위한 법률 학사 학위 통신 강의를 듣는 일이었다. 필요한 책들의 목록을 적어 구입 허가 신청을 했다.

다음 날 악명 높은 프리토리아의 사령관이 감방으로 찾아왔다. 그가 만델라를 빤히 쳐다보더니 흐뭇한 표정을 지었다.

"후후, 드디어 너를 잡았군. 그런데 왜 횃불에 관한 책이 필요하다고 신청했지? 수상한데."

만델라는 무슨 말인지 몰라 잠시 어리둥절했다. 그가 책 목록이 적힌 만델라의 편지를 꺼내더니 펼쳐 보였다. 그 가운데 만델라가 영어로 쓴 불법 행위의 'tort'라는 단어가 눈에 띄었다. 한편 '횃불'을 뜻하는 아프리칸스어(남아프리카에서 사용 중인 네덜란드어)는 'toorts'였다. 사령관이 잠시 헷갈렸던 것이다.

자초지종을 알게 된 만델라가 웃으며 말했다.

"영어로 불법 행위는 법의 한 분야이지 폭탄에 불붙이기 위해 사용하는 횃불과는 다르지요."

순간 그의 표정이 심하게 일그러졌다. 그는 자존심이 상했는지 만델라를 향해 고함을 빽 지르더니 황급히 가 버렸다.

위니는 거리가 먼 프리토리아까지 면회를 와 주었다. 올 때마다 깨끗한 옷과 음식들을 가져오는 일을 잊지 않았다. 만델라는 고생하는 위니를 위해서라도 시간을 허비하고 싶지 않았다.

만델라는 아침 일찍 일어나 옷을 갈아입었다. 넥타이와 양복이 아닌 코사 족 전통의 카로스였다. 소매가 없는 표범 가죽으로 된 외투 형식의 옷이었다.

만델라가 법정에 들어서자 방청석이 술렁이기 시작했다. 그때 지지자들이 갑자기 일어나며 소리쳤다.

"민중에게 권력을!"

"우리에게 힘을!"

만델라의 복장을 본 그들이 흥분을 한 것이다. 이미 '만델라 석방 위원회'를 발족시켜 시위까지 벌인 사람들이었다. 만델라 구호 운동은 전국적인 대규모 시위로 확산되었다.

위니의 모습도 보였다. 구슬 달린 머리 장식에 발목까지 내려오는 코사 족 전통의 치마 차림이었다. 만델라의 눈빛이 강렬해졌다. 두려움 따위는 이미 사라지고 당당함만이 가득했다. 사랑의 뿌리, 어머니도 함께여서 더욱 용기가 났다.

만델라가 전통 복장을 고집한 이유가 있었다. 백인의 법정에 서는 아프리카인이라는 점을 강조하고 싶어서였다. 만델라는 민족의 역사와 문화 그리고 유산을 짊어진 상징적인 존재가 되어 가고 있었다.

나는 그날 ANC의 상징이자 험난한 과거를 헤쳐 온 아프리카의 미래를 이끌 계승자로서의 체험을 했다. 내가 입은 카로스는 고상한 태도의 백인 재판부를 향한 경멸의 표시였다. 나는 수많은 백인이 아프리카의 진정한 문화에 위축되고 있다는 사실을 잘 알고 있었다. 그래서 나의 복장 역시 그들에게 적지 않은 위협이 되리라 믿었다.

선고가 내려지기 전 만델라가 진술을 했다.
"나는 본 법정이 형벌로 한 사람의 신념을 바꿀 수 있다는 생각으로 판결을 내리지 않으리라 믿습니다. 한 사람이 양심에 따라 움직인 일은 결코 형벌이나 그 어떤 것으로도 막지 못합니다. 이것은 역사를 통해 이미 잘 알려진 사실입니다. 나의 동지들이나 민족 전체의 양심도 막을 수 없습니다. 이 나라의 교도소가 흑인들에게 얼마나 가혹한 곳인지를 잘 알고 있습니다. 그곳에서 견뎌 낼 준비가 되어 있지만 내가 선택한 길은 절대로 포기하지 않을 것입니다. 형기를 마치고 감옥을 나서면 여전히 인종 차별에 대한 증오심이 가득 찬 투사로 행동할 것입니다. 불의와 부정에 맞서 온 힘을 다해 싸울 것입니다. 이 땅에서 영원히 사라질 때까지 말입니다. 나는 훗날 우리 후손들이 만델라는 무죄였고 정작 법정에 서야 할 사람들은 바로 정부 각료들이었다고 선언하는 날이 올 것이라 굳게 믿습니다."

재판장의 눈빛이 심하게 흔들렸다. 그는 형량을 심의하기 위해 십 분간의 휴정을 선언했다.

기다리는 동안 만델라는 한 가지만을 생각했다. 자신이 얼마나 갇혀 지내게 될지는 중요하지 않았다. 무엇보다 중요한 것은 어떤 상황에서도 변하지 않을 신념이었다.

이윽고 형이 선고되었다.

"피고 만델라에게 파업 선동죄로 징역 3년, 여권 없이 출국한 죄로 징역 2년, 가석방을 허용하지 않는 징역 5년을 선고한다."

순간 예상보다 가혹한 형량이 내려지자 방청석에서 울부짖는 소리가 터졌다. 위니는 굳은 표정으로 그 자리에서 움직이지 않았다. 어머니는 얼굴을 양손으로 감싼 채 고개를 숙였다. 그 모습을 보던 만델라가 방청석을 향해 힘껏 소리쳤다.

"우리에게 힘과 권력을 달라!"

수많은 지지자가 함께 외쳐 대기 시작했다.

만델라는 정치범이란 꼬리표를 단 채 5년을 복역해야만 했다. 정치범은 심한 냉대와 차별에 시달려야 했다. 그런 사실을 잘 알고 있는 주변 사람들의 마음은 무거웠다.

만델라는 한 가지 신념으로 모든 것을 지탱하고 있었다.

종신형의 사슬에 묶이다

감옥이란 어떤 곳인가?

죄인에게 그 죗값을 치르도록 반성의 시간을 주는 곳이다. 새로운 삶을 살게 교화시키는 곳이기도 하다. 그래서 일정한 기간 동안혹은 장기간 가두어 둔 채 자유를 박탈한다.

만델라에게 감옥은 단순한 사슬이 아니었다. 자유를 빼앗는 것뿐만 아니라 한 사람의 정체성마저 앗아 가는 곳으로 여겼다. 모두가 똑같은 옷을 입은 채 같은 음식을 먹어야 했다. 일정한 규칙에따라 똑같은 하루를 보낼 수밖에 없었다. 똑같은 환경에서 잠을 자고 생각과 꿈마저 똑같은 것을 품으라는 강요였다. 개인의 독립성이나 개별성은 결코 인정되지 않았다.

그들이 내세운 교화는 결국 자신들에게 복종하며 명령에 따라 줄 꼭두각시를 만드는 일이었다. 자유와 평등을 위해 싸우려는 만델라에게는 억압 이상의 사슬이었다. 투쟁해야 할 새로운 대상이었다.

호송차에 오르며 만델라는 그들이 원하는 인형이 되지 않겠다고 결심했다.

교도소에 도착하자마자 싸워야 할 대상과 맞닥뜨렸다.

"모두 새 옷으로 갈아입어라. 어서!"

카로스를 압수당한 채 흑인용 수의를 지급받았다. 거친 옷감으로 된 반바지와 셔츠 그리고 상의 한 벌씩이었다. 양말과 샌들에 헝겊으로 된 모자도 있었다. 반바지를 보자 심한 굴욕감이 들었다. 흑인 재소자들을 어린아이로 취급한다는 의미로 반바지를 지급하고 있었다.

만델라는 반바지를 입을 수 없으니 법정에 호소하겠다고 밝혔다. 또한 저녁 식사 때 설탕만 겨우 들어간 형편없는 죽이 나오자 거부했다. 그 소식을 들은 교도소장이 상기된 얼굴로 달려왔다.

"요주의 인물이라 첫날부터 귀찮게 하는군."

위엄 있는 표정을 짓던 그가 갑자기 태도를 바꾸며 한 가지 제안을 했다.

"그럼 독방으로 가. 그렇게 한다면 긴 바지와 별도의 식사를 보장하지."

만델라는 그 후 몇 주 동안 철저하게 격리된 채 독방에서 지냈다. 독방을 두려워하지 않았지만 완벽한 통제 속에서 차츰 고통스러워졌다. 다른 재소자들의 얼굴은 물론 목소리조차 들을 수 없었다. 아침과 점심 때 주어지는 30분간의 운동 시간을 제외하고는 하루 종일 갇혀 있어야 했다.

시간을 확인할 수 없어 간혹 때를 가늠하기가 어려웠다. 읽을 만한 책도 없고 종이와 연필도 지급되지 않았다. 모든 것이 제한되고 억압된 상태에서 판단력마저 흐려지기 시작했다.

만델라는 그때의 고통스러웠던 시간에 대해 회고한 적이 있다.

그 안에서의 마음은 오직 자신만을 향하게 된다. 그런 상황에서 벗어나기 위해서는 관심을 쏟을 만한 무언가가 절실히 필요했다. 독방 생활을 견디지 못해 채찍 여섯 대로 대신하는 사람도 있었다. 그 안에서 지내며 나는 벌레들까지 반가워하게 되었다. 하루는 바퀴벌레에게 말을 걸려고 한참을 쫓아다니기도 했다.

그곳에서 볼 수 있는 사람은 오직 중년의 흑인 교도관뿐이었다. 어느 날 아침 그와 말이라도 나누고 싶어 아껴 둔 사과 하나를 내민 적이 있었다. 그는 차갑게 거절했다. 원래 흑인 교도관들은 흑인 재소자들에게 호의적이었다. 백인 교도소장이나 교도관에게 미움을 사는 일이 되기 전까지는 대부분 그랬다. 그때부터 흑인 재소자들과의 접촉을 꺼려했다. 정치범인 만델라를 대하는 태도는 더욱 매몰찼다. 모두가 백인들의 눈 밖에 나지 않으려고 애쓰는 모습에 측은하기까지 했다.

만델라는 그 마음을 이해한다는 생각에 점심 무렵 다시 사과를 권했다. 그가 더욱 완고하게 거부하자 만델라는 섭섭함을 감출 수 없었다. 그가 신경질적으로 말했다.

"이봐, 당신은 긴 바지와 더 좋은 음식을 원해서 이곳에 온 거 아냐? 그런데 여전히 불만이니 어이가 없군."

그의 말에 만델라는 크게 뉘우쳤다. 가장 중요한 것은 자존심을 지키는 것이 아니라 사람들과 더불어 사는 것이었다. 사람들과 함께 하지 못하는 시간은 곧 파멸과도 같았다. 자존심을 버릴 생각이었다. 반바지를 입어도 좋으니 여러 사람과 함께 있게 해 달라고 부탁할 마음이었다.

몇 주 동안의 독방 생활은 내 운명에 대해 깊이 생각할 수 있는 시간이었다. 자유 투사가 있어야 할 곳은 민중의 곁이지 결코 감옥의 창살 속이 아니었다. 내가 아프리카 여러 지역에서 얻은 지식과 교류는 투쟁에 이용되지 못한 채 나와 함께 갇혀 버렸다. 나의 지식과 기술이

자유 군대를 창설하는 데 도움이 되지 못하고 있다는 현실이 원망스
럽고 저주스러웠다.

경고를 받은 만델라는 독방에서 풀려날 수 있었다. 그런데 이번
에는 노조 활동으로 정부에 저항하다 잡혀 온 다른 재소자들과의
접촉이 문제가 되었다. 다시 독방에 들어갈 수밖에 없었다. 그나마
다행인 것은 복도를 따라 다른 재소자들과 나란히 있는 독방이었
다. 교도소 운동장에 모여 앉아 가방을 수선하는 시간에 다른 재소
자들과 대화를 나눌 수도 있었다.

그동안 소식이 궁금했던 월터 시술루를 볼 수 있었다. 파업 선동
죄로 6년 형을 받은 상태였다. 만델라는 그가 보석으로 풀려날 수
있도록 함께 의논하고 도움을 주었다. 2주 후 월터 시술루는 석방
되었다. 그에게 다시 지하 투쟁을 이어 가라는 지침이 내려졌다.

만델라는 자신은 갇혀 있지만 투쟁의 끈이 이어지고 있다는 것
에 만족했다. 더군다나 ANC가 연례 회의를 통해 군사 조직 MK와
의 관계를 공식화했다. 만델라는 기뻤다. 자신이 익힌 군사 기술을
직접 전할 수는 없지만 MK의 눈부신 활약을 기대했다.

정부도 가만히 앉아 있지만은 않았다. 다음 해인 1963년 5월 일
명 'MK의 척추를 부수기 위한 법'을 제정했다. 정확한 이름은 '90
일 구금법'이었다. 모든 경찰에게 정치 범죄 혐의가 있는 사람을 영

장 없이 구금할 수 있는 권한을 준 것이다. 체포된 사람은 변호사를 만날 수도 없었다. 어떤 보호도 받지 못한 채 최고 90일까지 감금 당하게 되었다.

'90일 구금법'으로 남아프리카는 경찰국가가 되어 갔다. 정부는 어떤 독재보다 더 강한 권력을 손에 쥐었다. 경찰은 상상을 뛰어넘을 만큼 잔인하고 악독해졌다. 재소자들은 사소한 일에도 심한 구타를 당했다.

만델라를 더욱 고통스럽게 한 것은 그들이 고문까지 벌인다는 소식이었다. 전기고문과 물고문으로 수많은 사람이 희생되고 있다는 말에 철창을 부수고 달려가고 싶었다. 고문의 대상은 대부분 정치범들이었다. 그들은 형기를 다 마치고도 석방되지 못했다. 오히려 다시 구속되어 고문에 시달려야 했다. 그런 다음 악명 높은 로벤섬으로 보내졌다.

5월 말 만델라도 로벤 섬으로 가야 했다. 코사 족과 연관이 깊은 섬이기도 했다. 1819년 코사 족 사령관 마칸나는 1만 명의 전사를 이끌고 영국군과 맞서 싸웠다. 그러나 포로가 되어 로벤 섬으로 가게 되었다. 그곳은 자연이 만들어 놓은 천연의 감옥이었다. 마칸나는 작은 배를 마련해 탈출했지만 육지에 닿기 전에 익사하고 말았다. 코사 족에게 그의 죽음은 전설이 되었다. 조상들이 바람의 힘을 몰고 돌아와 백인 침략자들을 몰아낼 것이라는 이야기가 전해지고 있었다.

그 후 로벤 섬은 교도소로 개조되었다. 백인과 흑인 재소자들이 함께 수감되었다. 예상대로 흑인에 대한 대우는 혹독했다. 교도관들은 물론 백인 재소자들까지 흑인들을 적대시하며 폭력을 휘둘렀다.

하루는 배식 담당 백인 재소자의 횡포로 저녁 식사를 받지 못했다. 만델라는 교도관을 불러 사정을 설명했다. 그러자 교도관이 빈정거리며 말했다.

"주인님이라고 부르면 주지."

만델라는 그날 굶은 채 잠들 수밖에 없었다.

만델라는 얼마 후 다시 프리토리아 교도소로 강제 이송되었다. 교도소 측이 언론에 발표한 이유는 납득되지 않았다. 재소자들이 만델라에 대한 테러를 계획하고 있어 사전에 예방한 것이라고 했다. 만델라는 믿지 않았고 다른 속셈이 있다고 판단했다.

그들의 속셈은 곧 드러났다. 프리토리아 교도소에는 이미 월터 시술루와 음베키 등이 수감되어 있었다. 중국에서 훈련을 마치고 돌아왔다가 체포된 MK 요원들도 함께였다. MK 최고 사령부가 급습을 당했던 것이다. 그들은 결국 '90일 구금법'의 덫에 걸리고 말았다. 요하네스버그 교외의 리보니아에 있던 MK 본부에 들이닥친 경찰은 다량의 무기와 장비들을 압수한 상태였다.

정부는 기회다 싶어 만델라도 연루시켰다. 월터 시술루 등과 사보타주 혐의로 기소되었다는 사실을 그때서야 알게 되었다. 다음 날 함께 법정에 세우기 위해 한자리에 모아 놓은 술책이었다.

교도소 안에는 이미 이감되어 온 만델라에 대한 소문이 파다했다. 반역죄를 지었으니 사형당할 것이 분명하다는 목소리였다. 늦은 밤 교도관 한 사람이 찾아와 노골적으로 교수형을 들먹이기도 했다.

"앞으로는 잠을 못 잘까 봐 걱정하지 않아도 되겠네. 아주 긴 잠을 자게 될 테니까 말이야. 히히히."

양손으로 자신의 목을 감싼 채 빈정대는 그를 향해 만델라가 받아쳤다.

"그럼. 우리는 물론 당신도 아주 긴 잠을 자게 될 거요."

만델라는 다음 날 프리토리아에 있는 법원으로 호송되었다. 훗날 '리보니아 재판'이라는 이름으로 더욱 널리 알려지게 된 이 재판을 위해 다시 법정에 서야 했다.

만델라는 법원 근처에 세워져 있는 폴 크루거 동상을 떠올렸다. 그는 19세기 영국에 맞서 싸웠던 남아프리카 옛 트란스발공화국 초대 대통령이었다. 동상 아래는 그의 연설문 일부가 새겨져 있었다.

전 세계를 향해 자신 있게 우리의 뜻을 펼친다.

우리가 승리하든 혹은 죽든

태양이 아침의 구름을 헤치고 솟아오르듯

아프리카에는 자유가 떠오를 것이다.

검찰은 MK가 폭력 혁명을 위한 단체라고 단정했다. 혁명을 위해 반역죄와 다를 바 없는 사보타주와 게릴라전을 벌였다는 주장이었다. 외국의 군대를 불러들여 혁명을 돕도록 공모했다는 혐의도 씌웠다.

재판이 시작되자 전 세계의 눈은 '리보니아 재판'에 쏠렸다. 모두가 만델라의 편이 되어 주었다. 영국의 런던 대학에서 학생들이 만델라를 학생 연합 회장으로 선출했다. 유엔에서는 재판 중지와 함께 피고인들의 사면을 촉구하기도 했다.

기대와는 달리 재판은 만델라 쪽에 불리하게 진행되어 갔다. 만델라는 사형 선고가 내려져도 항소하지 않을 생각이었다. 다른 사람들 역시 같은 마음이었다.

나는 사형 선고를 받아들일 준비가 되어 있었다. 우리는 용감해서가 아니라 현실적이었기 때문에 모든 것을 준비했다. 나는 그러는 동안 '죽을 것이라고 생각하라. 그러면 죽든 살든 그것이 상대적으로 더 행복하다고 여겨질 것이다'라는 셰익스피어의 문장을 떠올렸다.

재판은 다음 해인 1964년까지 이어졌다.

마침내 그해 6월 선고 날이 밝았다. 만델라는 여러 주장을 소신 있게 펼쳤다. 우선 MK는 무장 투쟁 말고는 다른 길을 찾을 수 없었다는 점을 강조했다. 정부의 인종 차별 정책에 저항하는 합법적인 방법들이 모두 법에 막혀 있었기 때문이다. MK가 선택할 수 있는 것은 무기를 드는 일이었다. 그동안 ANC는 흑인들의 기본 권리마저 박탈당한 상황에서도 비폭력 운동을 지켜 왔다는 사실도 재차 상기시켰다. 반면에 정부는 폭력과 학살까지 자행했다는 점을 지적했다. 끝으로 MK가 투쟁 방법으로 게릴라전을 선택했지만 단순히 목숨을 빼앗기 위한 것이 아니었음을 설명했다.

만델라는 생각을 매듭짓듯 마지막 진술을 이어 갔다.

"나는 그동안 투쟁에 모든 것을 바쳐 왔습니다. 백인들의 지배에 저항해 싸웠고 흑인 지배에 대해서도 맞서 싸웠습니다. 모든 사람이 조화를 이루고 평등한 기회를 통해 더불어 사는 민주적이고 자유로운 사회를 존중해 왔습니다. 이 신념을 위해 살고자 했고…… 죽을 각오도 되어 있습니다."

법정은 조용해졌다.

이윽고 선고가 내려졌다. 만델라는 반역죄가 추가되어 월터 시술루 등과 함께 종신형이었다.

잠시 숨죽였던 방청석이 크게 술렁이기 시작했다. 여기저기서 환호성이 터졌다. 만델라는 미소를 지으며 위니와 어머니의 모습을 찾았다. 하지만 방청객들이 일어나 우왕좌왕하느라 가려져 보이지가 않았다. 한 가지만은 똑똑히 볼 수 있었다. 아직 꺼지지 않은 자신의 신념이자 희망이었다.

정부의 결정은 사실 국내는 물론 외국으로부터의 압력 때문이기도 했다. 국내에서는 하루도 빠지지 않고 항의 시위가 벌어졌다. 외국에서도 남아프리카 화물은 취급하지 않겠다는 등 냉담한 태도를 보였다. 소련의 공산당 서기장 브레즈네프가 관대한 처분을 바란다는 내용의 편지를 보내오기도 했다.

만델라는 목숨은 구한 셈이다. 그러나 그날의 기쁨을 더 큰 환희로 바꾸고 싶었다. 다시 징역형을 이어 가야 했지만 생각을 더 키워 나갈 시간을 얻었다. 행동할 수는 없어도 자신의 신념과 정신을 사람들에게 전할 기회는 남았다.

만델라 나이 마흔여섯 살이었다.

며칠 후 한밤중 삼엄한 경비 속에서 만델라를 비롯한 재소자들은 군용기 편으로 프리토리아를 떠났다. 군용기가 비밀리에 도착한 곳은 만델라가 잠시 머물렀던 로벤 섬이었다.

무너지지 않은 희망

로벤 섬의 사정은 나아진 것이 전혀 없었다.

만델라와 같은 정치범에게 가해지는 차별은 더욱 비인간적이었
다. 식사는 늘 부족했고 잠자리 역시 불편했다. 좁고 습기 찬 감방
안에서의 생활은 고통이었다.

격리와 분리는 교도소 안에서도 마찬가지였다. 그 안에서조차
마음대로 돌아다닐 수 없었다. 다른 재소자들까지 물들인다는 이
유로 철저하게 격리되었다.

재소자들은 A, B, C, D 모두 네 등급으로 분류되었다. A 등급은
가장 많은 혜택을 누렸다. 반면에 주로 정치범인 D 등급은 최악의
조건이었다. 면회, 편지, 독서, 공부, 생필품 등 재소자들에게 필요

한 모든 여건이 등급에 따라 달라졌다. 정치범이 그런 혜택을 모두 누릴 수 있는 A 등급이 되려면 몇 년씩 걸렸다.

기온이 내려가면 말 그대로 얼음 감옥이었다. 그 안에서 밤새 추위에 떨다가도 아침이면 노역을 위해 굳은 몸을 일으켜야 했다. 주로 채석장에서 화강암을 깨고 자갈처럼 잘게 부수는 일을 했다.

재소자들은 고된 노동과 옥수수 죽이 전부인 식사로 인해 쇠약해지기 일쑤였다. 아무리 건장한 체격을 가졌던 사람이라도 몇 개월이 지나면 어깨뼈가 드러날 지경이었다. 설상가상 교도관들의 공공연한 구타도 사라지지 않고 있었다. 힘없는 재소자들은 어떤 저항도 못한 채 당할 수밖에 없었다. 매일 되풀이되는 참담한 일상 속에서 정신마저 황폐해져 갔다.

만델라는 로벤 섬에 갇혀 죽어 간 사람들을 떠올렸다. 로벤 섬은 백인의 식민 정치를 반대한 추장들을 수용하던 곳이기도 했다. 그들 역시 희망마저 강탈당한 채 비참하게 죽어 갔을 것이다. 똑같은 아픔이 되풀이되기 전에 부정의 고리들을 끊어야 했다.

"이대로는 견디지 못하고 모두 쓰러질 것이오. 우리 힘을 모아 교도소 측에 환경 개선을 요구합시다."

만델라는 다른 재소자들을 만날 때마다 힘을 주고 또 얻으려고 했다. 하지만 그들은 이미 포기를 한 상태인지 무기력하게 바라볼 뿐이었다.

모든 것이 지쳐 갈 무렵 면회를 온 위니는 만델라에게 한줄기 빛
이었다. 만델라는 찌든 때로 얼룩진 두꺼운 유리판을 사이에 두고
위니와 마주 앉았다. 정치범은 가족과의 면회에서도 자유롭지 못
했다. 손조차 잡을 수 없도록 철저하게 차단시켰다. 유리판에 뚫린
여러 개의 구멍을 통해 나누는 대화가 전부였다. 자연 목소리가 높
아졌는데 옆에 교도관이 있어 비밀스러운 대화는 불가능했다. 가
족에 관한 안부 등 일상적인 것들만 주고받을 수밖에 없었다.

직장을 잃고 어렵게 생활한다는 위니에게 만델라가 위로의 말을
건넸다.

"용기를 잃지 말고 아이들과 꿋꿋하게 지내."

위니도 슬며시 엄지손가락을 세워 보이며 마음을 전했다.

"당신도 희망을 버리지 마세요."

만델라는 더욱 운동에 열중했다. 희망을 위해서였다. 감방 안에
서 팔 굽혀 펴기와 윗몸 일으키기 등을 하며 몸을 단련했다. 비좁은
공간이었지만 하루에도 수백 번씩 오가며 다리에 힘을 길렀다. 채
석장으로 갈 때도 가급적 빠른 걸음으로 걸었다. 만델라에게 있어
운동은 신체뿐만 아니라 마음까지 건강하게 만드는 최고의 수단이
었다.

만델라는 운동이 신체 건강은 물론 마음의 평화에도 중요한 역
할을 한다고 믿었다. 그래서 분노와 좌절이 생기면 샌드백을 치면

서 달래 왔었다. 평온을 방해하는 모든 요소를 없애 주는 것이 바로 운동이었다.

나는 신체가 건강할 때 일이 더 잘되고 총명해진다는 것을 깨달았다. 운동은 내가 죽을 때까지 꼭 해야 하는 것 가운데 하나가 되었다. 감옥에서 좌절감을 달랠 수 있는 통로를 찾는다는 것은 정말 중요했다.

1977년 여름 작열하는 태양이 더욱 지치게 만들었다. 물과 소금 섭취마저 부족해 폭염 앞에 속수무책이었다. 재소자들이 하나둘씩 일사병으로 쓰러졌다. 바위에 반사되는 햇빛에 눈이 부셔 발을 헛디디고 부상당하는 일도 이어졌다. 그동안 폭파 사고와 낙석 사고 등으로 이미 수많은 사상자가 발생했었다. 더위와 햇빛으로 인한 불상사까지 생기자 재소자들은 더욱 힘들어했다.

만델라는 월터 시술루와 여러 재소자를 규합해 교도소 측에 항의했다. 그동안 수십 차례 개선 요구를 했지만 매번 무시당해 왔다. 이번에는 더 많은 재소자가 합세해 단식 투쟁까지 벌이며 강력한 자세를 보였다. 그 결과 겨우 선글라스 한 개씩을 지급받을 수 있었다. 채석장에서 중노동으로 고생한 지 13년 만에 이루어 낸 첫 성과였다.

만델라는 그것으로 만족하지 않았다. 개선해야 할 사항들을 계속 요구했다. 또 반발이 거세질 것을 염려한 교도소 측은 결국 두 손을 들고 말았다. 정치범들에게도 똑같은 배식이 이루어졌고 원하는 공부를 할 수 있도록 책의 반입도 허락되었다.

외부와 철저하게 단절된 현실만큼은 변하지 않았다. 정치범들이 신문을 접한다는 것은 거의 불가능한 일이었다. 신문을 보려면 돈을 밝히는 교도관을 매수하는 길밖에 없었다. 그마저 쉽지 않았고 철 지난 신문을 가져오는 경우가 많아 큰 도움이 되지 못했다.

만델라가 외부 소식을 더욱 궁금해하는 이유가 있었다. 월터 시술루 등 ANC 지도부가 교도소 안에 최고 사령부를 만들었기 때문이다. 정부의 시시각각 변하는 정책에 대응하는 행동 지침을 세워야 했다. 하지만 정확한 상황 파악이 어려워 섣부른 행동은 할 수 없었다. 일단 재소자들의 열악한 환경을 개선하는 일에만 전념하기로 했다.

하루의 일과를 마친 만델라는 지친 몸을 바닥에 눕혔다. 태양이 작열하는 한낮과는 달리 밤에는 한기마저 느껴질 정도로 기온이 뚝 떨어졌다. 양팔로 자신을 감싸 안은 만델라는 그동안의 일들을 회상했다.

무엇보다 가슴 아팠던 것은 수감된 지 4년 째 되던 해인 1968년 어머니가 세상을 떠난 일이었다. 그해 봄 어머니는 마가토와 마카지웨를 데리고 면회를 왔었다. 오랜만에 보는 그리웠던 얼굴들이라 만델라는 반가움을 감출 수 없었다.

"어떤 일이 있어도 항상 힘을 내어라. 내 아들아."

어머니는 그 옛날 만델라를 음케케즈웨니에 남겨 두고 돌아가면서 했던 말을 똑같이 해 주었다.

그것이 어머니의 마지막 모습이었다. 몇 주 후 어머니가 갑자기 심장마비로 세상을 떠났다는 소식이 날아들었다. 사랑의 뿌리가 뽑혀 나가는 아득한 슬픔이었다. 만델라를 더 비통하게 만든 것은 허락을 해 주지 않아 장례식에 참석하지 못한 일이었다.

다음 해 어렵게 살아가던 위니마저 1967년 제정된 '테러법'에 의해 연행되고 말았다. 그 소식을 접한 만델라는 슬픔에 잠겼을 두 딸 제나니와 진드지에게 편지를 보냈다. 위니가 돌아오려면 몇 개월이 될지 몇 년이 걸릴지 모르니 마음 굳게 살라는 내용이었다. 오랜 시간 외롭고 힘겹게 지내야 할 두 딸 때문에 만델라는 잠을 이루지 못했다.

그 후 일 년이 훨씬 지난 뒤에야 검찰이 소송을 취하했지만 위니는 가택 연금 상태가 되었다. 살고 있는 집에 갇힌 채 외부와의 접촉마저 감시당해야만 했다. 만델라는 로벤 섬에, 위니는 집에 갇혀 버린 셈이었다.

만델라가 사랑했던 사람들이 하나둘 곁을 떠나갔다. 그해 7월 첫째 아들 템비가 교통사고로 죽었다. 스물네 살의 아까운 나이로 세상을 떠난 아들의 장례식마저 갈 수 없었다.

　그해부터 재소자들에 대한 대우가 조금 나아지기도 했다. 긴 바지를 지급했고 일요 예배도 허락했다. 기쁨은 오래가지 않았다. 1971년 이후 체포된 MK 요원들이 줄지어 로벤 섬으로 오자 만델라는 다시 괴로웠다. 가슴에 쌓아 왔던 희망의 벽돌들이 하나둘씩 무너지는 아픔이었다. 그렇지만 포기하듯 주저앉을 수는 없었다. 그들에게 열심히 ANC의 역사와 의미를 가르쳤다. 행동 목적과 지침에 대해 재무장시키는 일도 잊지 않았다.

　어느 날 만델라는 교도소 한 구석에 텃밭을 가꾸고 싶어졌다. 가뜩이나 부족한 식사로 고생하는 재소자들에게 신선한 채소라도 먹이게 할 마음이었다. 다른 의도가 있는지 의심하는 교도소 측을 이해시켜야 했다. 몇 개월에 걸친 끈질긴 설득 끝에 겨우 허가를 받을 수 있었다. 만델라는 시금치와 고추를 비롯해 토마토 등을 심고 정성을 다했다. 재소자들은 옥수수 죽에 그것들을 곁들여 그나마 영양 보충을 할 수 있었다. 재소자들이 텃밭에 관심을 보이기 시작했다. 만델라는 그들에게 채소뿐만 아니라 나무 묘목도 심어 돌보게 했다. 생명의 소중함과 성장 과정의 중요성도 체험하게 하려는 의도였다.

　한편 위니에 대한 탄압은 끊기지를 않았다. 1972년 경찰들이 만델라의 집에 들이닥쳐 테러나 다름없는 일을 자행했다. 강제로 대문을 부수고 창문을 향해 벽돌을 던졌다. 심지어 현관문에 무차별 사격을 가하기도 했다. 1974년에는 위니를 기소하기에 이르렀다. 아이들을 제외한 다른 사람들과 만날 수 없다는 금지 명령을 위반한 죄였다. 소식을 들은 만델라는 가슴이 무너졌다. 정부는 아이들의 면회조차 허락하지 않았다. 위니가 겪고 있을 절박함과 외로움을 떠올릴 때마다 분노마저 치솟았다. 그 심정을 누구보다 잘 알기에 다음 해 위니가 풀려날 때까지 만델라는 고통에 시달려야 했다.

만델라가 비밀리에 자서전을 쓰기 시작한 것은 그 무렵이었다. 자신의 60회 생일에 맞춰 출간할 계획이었다. 그동안 이어 온 투쟁 의지를 국민들에게 알리고 싶었다. 또한 젊은 투사들에게 가르침과 용기를 심어 주려는 마음이었다. 만델라는 온 힘을 다해 자서전을 쓰는 일에 매달렸다.

글을 쓰면서 그동안의 삶을 다시 경험할 수 있었다. 쿠누와 음케케즈웨니의 어린 시절을 만날 수 있었다. 요하네스버그에 도착했을 때의 흥분과 두려움이 생생하게 전해졌다. 청년 동맹의 열정, 반역죄 재판, 리보니아 재판 등도 되살아났다. 그것들은 막 꿈에서 깨어나는 기분을 맛보게 해 주었다. 나는 진솔하게 그 모든 것을 종이에 그대로 옮길 생각이었다.

만델라가 틈틈이 원고를 쓰면 ANC 동지들이 그대로 옮겨 적은 뒤 외부로 빼돌렸다. 만델라는 원본을 교도소 뜰에 파묻었다. 외부로 유출된 필사본은 출간을 위해 차곡차곡 쌓여 갔다. 그런데 어느 날 원본이 발각되고 말았다. 만델라는 종이와 연필을 빼앗기고 책을 볼 수 있는 권리마저 박탈당했다.

1976년 요하네스버그 소웨토에서 대규모 항쟁이 발생했다. 만델라가 그 소식을 접한 것은 어렴풋한 소문으로부터였다. 처음에는 소문이 너무 과장되어 믿어지지 않았다.

"소웨토 청년들이 군대를 물리쳤대."

"군인들이 총을 버리고 모두 줄행랑을 쳤다는군."

정확한 사실을 알게 된 것은 항쟁에 가담했던 청년들이 체포되어 로벤 섬으로 왔을 때였다. 정부가 중등학교의 수업 절반을 아프리칸스어로 가르쳐야 한다고 내린 명령이 발단이었다. 정부에 항의하고자 1만 5천 명의 학생들이 소웨토에 집결했다. 그때 경찰이 저지하는 과정에서 경고도 없이 발포했다. 경찰의 총탄에 열세 살의 헥터 피터슨을 비롯해 수많은 학생이 죽었다. 격분한 학생들은 막대기와 돌 등을 들고 맞서 싸웠다. 대규모 항쟁으로 이어지는 과정에서 백인 두 명이 돌에 맞아 죽기도 했다. 수백 명의 어린이들까지 부상당하자 항쟁은 남아프리카 전 지역으로 번져 나갔다.

수많은 희생자가 발생한 소웨토 항쟁 소식에 모두들 충격에 빠졌다. 만델라가 더욱 놀랐던 것은 청년들의 눈빛이었다. 그들은 스무 살 안팎의 피 끓는 청년들이었다. 그래서인지 당장이라도 싸움을 벌일 듯 호전적이고 거침이 없었다. 교도소장 앞에서도 당당히 모자를 쓴 채 명령조차 거부했다.

"당장 모자 벗어!"

교도소장 앞에서는 모자를 벗는 것이 규칙이었지만 그들은 아랑곳하지 않았다.

"왜요?"

오히려 사납게 노려보며 대꾸했다. 규정 위반이라고 교도소장이 버럭 소리를 지르자 따져 묻기까지 했다.

"왜 그런 규정이 있는 겁니까? 대체 무엇 때문에 생겨난 규정이냐고요."

전혀 예상하지 못했던 반응에 당황한 교도소장은 그 자리에서 씩씩대기만 했다. 마침 곁에 있던 만델라를 향해 교도소장이 고함을 쳤다.

"당신이 대신 말해 보시오!"

만델라는 대답 대신 청년들을 향해 눈을 지그시 감은 채 고개를 끄덕여 주었다.

지난 세월을 회상하던 만델라는 어느새 날이 밝았는지도 몰랐다. 만델라는 자리를 정리한 채 앉아서 감방 문이 열리기만 기다렸다. 그런데 시간이 지날수록 왠지 다른 분위기에 이상한 생각이 들었다. 평소 같았으면 서둘러 채석장으로 나가느라 분주할 시각이었다. 한참이 지나서야 나타난 교도관이 철창 사이로 반가운 소식 하나를 내밀었다.

"정부가 교도소 내 모든 노역을 금지한다고 발표했다. 오늘부터 일하지 않아도 돼."

재소자들에게는 석방 소식만큼이나 반가운 일이었다. 재소자들은 노역 대신 자기만의 시간을 만끽하게 되었다. 취미로 정원을 가꾸거나 좋아하는 운동을 하며 하루를 보냈다. 만델라는 다시 글을 쓰고 책을 읽을 수 있는 시간이 생겨 무엇보다 반가웠다.

달라진 것은 그뿐이 아니었다. 1978년 마침내 신문과 라디오 청취가 허락되었다. 라디오의 경우 교도소 측에서 선별한 뉴스만을 내부 방송으로 들려주겠다는 조건이었다. 정부에게 유리한 내용들만 듣게 되었지만 만델라는 그 속에서 필요한 정보를 얻으려고 노력했다. 그해 P.W. 보타가 새 총리의 자리에 올랐다는 소식을 접할 수 있었다.

보타는 네덜란드계 백인으로 내무 차관과 국방 장관 등을 지낸 인물이었다. 그 후 1984년 대통령이 된 그는 아파르트헤이트를 유지할 것을 주장하기도 했다. 그 때문에 국제적으로 외면을 당하기도 했고, 평소 거친 말투와 행동 등으로 '늙은 악어'라는 별명까지 얻었다. 그가 대통령으로 있는 동안 남아프리카는 정치적으로 어두운 시기일 수밖에 없었다.

1979년 만델라는 감옥 안에서 자와할랄네루상을 받았다. 만델라는 물론 위니까지 허락을 받지 못해 시상식에는 참석할 수 없었다. 망명중인 올리버 탐보가 대신 수상했지만 모두에게 힘을 주는 일임에는 분명했다.

만델라의 옥중 수상은 그 후로도 이어졌다. 1981년에 브루노 크라이스키 인권상과 1983년에는 유네스코의 시몬 볼리바 국제상을 수상하기도 했다. 하지만 자유와 평등 그리고 민주주의라는 최고의 상에 대한 소식은 아득하기만 했다.

만델라에게 들려온 소식은 짐을 꾸리라는 명령이었다. 1982년 3월 월터 시술루 등과 함께 배를 타고 로벤 섬을 떠났다. 18년 만에 섬을 벗어나는 것이었지만 자유를 향해서가 아니었다. 케이프타운 남동쪽에 있는 폴스무어 교도소로의 이감이었다. 최고의 보안으로 유명한 곳이기도 했다.

배를 타고 떠나오며 만델라는 멀어져 가는 로벤 섬을 바라보았다. 코사 족 사령관 마칸나를 되새겼다.

'이 땅에 드리워진 모든 억압을 거두어 내기 위한 바람은 계속되고 있다. 나 역시 그 바람의 힘이 되어 끝까지 투쟁하리라. 모두에게 골고루 빛이 닿는 찬란한 태양이 떠오를 수 있도록……'

자유와 평화로의 석방

폴스무어 교도소는 부유한 백인들이 거주하는 곳에 위치해 있었다. 깨끗하고 넓은 현대식 시설을 갖춘 곳이었다. 로벤 섬에 비하면 호텔이나 다름없었다. 반면에 보안 시설이 철저해 로벤 섬과 마찬가지로 철통 같은 감옥이었다.

현대식 시설에 맞게 식사의 위생 상태나 질도 좋았다. 미국의 시사 주간지《타임》등을 읽고 국내 라디오 방송을 마음껏 들을 수 있었다. 만델라는 처음으로 가족들과 한방에서 만날 수 있는 기쁨도 누렸다.

교도소 밖의 사정은 암울했다. 정부에 저항하는 투쟁은 더욱 가열되어 갔다. 정부의 탄압과 무력 진압도 거세졌다.

정부군이 전국에 있는 ANC의 주요 건물들을 습격했다. MK도 맞서 정부 소속 차량을 폭파하는 등 무장 투쟁 활동을 본격적으로 펼쳤다. 정부와 ANC는 군사적으로나 정치적으로 대결을 피할 수 없는 상황이었다. 그러자 ANC의 존재가 다시금 주목받게 되었다. 그들의 투쟁이 다시 전 세계의 관심을 끌기 시작한 것이다.

1984년 데즈먼드 투투 주교가 노벨 평화상을 수상했다. 그는 요하네스버그 인근 광산촌에서 가난한 교육자의 아들로 태어났다. 1961년 남아프리카 흑인으로는 최초로 성공회 신부가 된 인물이다. 그 후 요하네스버그 성공회 수석 신부가 되어 소웨토에서 인종 차별 정책에 반대하는 투쟁을 벌여 왔다. 비폭력 투쟁을 지켜 낸 그는 마침내 그 공로를 인정받았다.

전 세계의 이목은 더더욱 남아프리카로 집중되었다. 그 시선은 결코 부드러운 것이 아니었다. 정부는 외국으로부터 경제 제재 조치를 당할 위기에 내몰렸다. 여러 나라가 남아프리카 회사에 투자하기를 꺼려했고 물건을 사지 않았다. 사실 남아프리카는 지난 1964년부터 올림픽 등 국제 스포츠 대회 출전마저 금지되어 있는 상황이었다. 그런 가운데 유엔은 계속해서 인종 차별 정책을 비난하는 목소리를 멈추지 않았다.

남아프리카에서 벌어지고 있는 여러 위기 상황의 배경에는 ANC가 있었다. ANC의 상징인 만델라에게도 관심이 몰릴 수밖에 없었다. 누구보다 만델라를 향해 불편한 심기를 드러낸 것은 정부였다.

"만델라가 조건 없이 모든 폭력 활동을 포기한다면 그를 석방할 수도 있다!"

보타 대통령이 제안을 하고 나섰다. 만델라는 그대로 받아들이지 않았다. 자신과 ANC를 갈라놓으려는 의도라고 파악했다. 만델라가 거절하자 정부는 ANC와 거리를 좁히기 위한 다른 방법이 필요하다는 것을 깨달았다.

만델라는 정부의 움직임을 주시했다. 정부와 대화를 시도할 기회를 찾기 위해서였다. 우선 대화를 가로막는 걸림돌부터 제거해야 했다. ANC와 정부는 그들이 서로 대화하는 것이 각각 스스로를 배신하는 일로 여기고 있었다. 만델라는 신중하게 동지들과 논의를 했다. 그런 다음 법무 장관에게 뜻을 밝히고 보타 대통령과의 만남을 제안했다.

1986년 다시 대규모 소요 사태가 터졌다. 인민 항쟁으로 일컬어지는 이 사태에서 폭력은 극에 달했다. 정부는 6월 비상사태를 선포했다. 대화의 성사 여부는 불투명하게 되었다.

만델라는 포기하지 않았다. 다음 해인 1987년 법무 장관과의 접촉을 다시 시작했다. 그 무렵 정부는 변화에 대해 고민하고 있었다. 국제적인 압력이 더욱 거세지고 있는 상황이라 위기였다. 이미 미국 의회에서는 남아프리카에 대한 경제 제재 법안을 통과시킨 뒤였다.

정부는 ANC와의 대화에 나설 수밖에 없었다. 그 결과 무장 투쟁의 타당성, 경제 이익의 분배, 동등한 투표권 행사, 인종 차별 없는 화합 등에 대해 달랐던 생각들을 조금씩 좁혀 나갈 수 있었다. 그 과정에서 정부는 만델라의 필요성을 더욱 실감했다. 남아프리카에 불어닥친 위기 상황을 해결할 수 있는 존재라고 여겼다. 그러나 만델라는 종신형이란 족쇄에 갇힌 몸이었다.

1988년 보타 대통령에게서 반가운 소식이 날아왔다. 8월 전에 만나 비밀 회담을 갖겠다는 통지였다. 그러나 만델라에게 있어 기쁨은 늘 슬픔이나 불행 앞에 오는 짧은 신호였는지도 모른다. 아직 국내는 소요의 폭풍 속에 하루도 잠잠할 날이 없었다. 정부는 다시 비상사태를 선포했다.

만델라는 개인적인 안타까움을 면회 온 위니에게서 들어야 했다. 위니와 살던 집이 다시 공격을 받았다. 이번에는 방화범들에 의해 아예 불타 버렸다. 소중한 가족 사진은 물론 위니와의 추억 어린 모든 것이 잿더미가 되었다.

언젠가 석방되면 집에 있는 사진과 편지를 보며 과거를 회상할 수 있으리라 생각했었다. 하지만 이제 모든 것이 사라졌다. 감옥은 자유를 빼앗았지만 기억들은 가져가지 못할 것이라 믿었었다. 그런데 적들은 내게서 그 기억들마저 송두리째 앗아 갔다.

비밀 회담에 대한 소식마저 없어 만델라는 침체에 빠졌다. 설상
가상 건강에 문제가 생겼다. 만델라는 평소 만성 기침으로 고생을
해 왔다. 감방 안에 가득한 습기가 원인이었다. 그동안 여러 번 개
선해 줄 것을 요구했지만 교도소 측은 들어주지 않았다. 그런 상태
에서 협상과 회담 준비 등으로 과로가 쌓여 더 악화된 결과였다. 심
한 기침과 함께 온몸이 아파 오기 시작했다. 만델라가 구토까지 하
자 교도소 측은 급히 케이프타운에 있는 병원으로 호송했다.
"허파에 물이 가득 찼으니 수술부터 합시다."
선택의 여지가 없었다. 만델라는 곧 마취에 들어갔고 수술이 이
루어졌다.
만델라는 병원에서 한 달 넘게 치료를 받으며 휴식을 취했다. 건
강은 빠른 속도로 회복되었지만 멀어져 가고 있는 것이 있었다. 보
타와의 비밀 회담이었다.
다음 해인 1989년 1월 보타가 뇌졸중으로 쓰러졌다. 만델라는
눈앞이 캄캄했다. 그러나 예상외로 보타는 건재했다. 신경이 더 날
카로워졌을 뿐 여전히 대통령의 권한은 쥐고 있었다.
7월 5일 드디어 보타와의 회담이 성사되었다. 만델라는 새벽 일
찍 일어나 그동안 준비했던 모든 자료와 생각들을 정리했다. 잠시

후 교도소 문을 나서며 만델라는 각오를 다졌다.

'비록 석방되어 나서는 것은 아니지만 그보다 더 큰 기쁨이 되게 하리라.'

대통령 집무실에서 회담이 시작되었다. 만델라와 보타 그리고 동석한 여러 사람은 우선 가벼운 환담을 나눴다. 남아프리카의 문화와 역사에 대해서도 생각을 주고받았다. 만델라는 1914년에 있었던 반란 사건에 대해 이야기했다. 당시 백인들이 여러 마을을 어떤 식으로 점령했는지에 대해서도 의견을 덧붙였다.

회담은 30분도 채 걸리지 않았다. 보타는 자신의 의견만을 내세우려고 했지만 큰 마찰은 없었다. 만델라가 마지막으로 보타에게 질문 하나를 던졌다.

"나를 포함하여 모든 정치범을 조건 없이 석방할 생각은 없으십니까?"

순간 보타의 얼굴이 굳어졌다. 그가 만델라를 향해 약간 신경질적인 투로 말했다.

"유감이지만 그렇게는 할 수 없소."

비밀 회담은 큰 성과 없이 끝나고 말았다. 하지만 만델라는 협상의 끝이 아니라 이제 막 시작된 또 다른 투쟁이라고 여겼다.

예상치 못한 일이 벌어졌다. 한 달 뒤인 8월 보타가 돌연 대통령직을 사임했다. 그는 물러나며 앞뒤 자세한 설명도 없이 불만 어린

소감만 퍼부어 댔다. 내각의 각료들이 자신을 무시하고 ANC의 손에 이끌려 다녔다는 맹비난이었다.

보타의 뒤를 이어 데 클레르크가 대통령 자리에 올랐다. 그는 취임 연설을 하며 변화와 개혁에 대한 자신의 신념을 드러냈다.

"나와 정부는 평화를 지향하며 평화를 위해서는 어떤 단체와도 협상할 것입니다."

그의 말은 사실이었다. 취임사가 끝나고 가혹한 경찰에 대한 저항 행진이 케이프타운에서 벌어졌다. 그런데 경찰은 시위대를 향해 어떤 진압 조치도 하지 않았다. 오히려 행진을 허용하는 분위기였다. 시위대가 질서와 평화를 지켜 줄 것만을 요구했다.

만델라는 서둘러 그에게 회담을 요청하는 편지를 썼다. 로벤 섬과 폴스무어에 있는 동료 정치범들에 대한 석방도 촉구했다.

만델라의 노력은 커다란 성과로 돌아왔다. 10월 데 클레르크는 월터 시술루를 비롯해 7명을 석방하겠다고 발표했다. 만델라는 자신이 자유의 몸이 된 것처럼 기뻐했다. 어떤 일이든 해낼 수 있다는 큰 자신감을 얻기도 했다.

만델라는 보타와 만났던 그 자리에서 이번엔 데 클레르크와 마주 앉았다.

"대통령 취임을 축하합니다. 대통령과 함께 어떤 일이든 할 수 있기를 바랍니다."

만델라는 의미심장한 표정을 지으며 그를 응시했다. 그는 보타와는 다른 분위기였다. 상대의 말을 잘 들어줄 것 같은 인상이었다. 만델라는 그와 마음을 터놓고 진솔한 대화를 나눌 수 있었다. 그동안 쌓아 두었던 많은 현안에 대해 논의했다. 특히 인종 차별 정책을 없애야 한다는 점을 강조했다.

예상대로 데 클레르크는 호의적이었다. 흑인에게 불리한 일이 생기지 않도록 함께 변화시키자는 의견에 찬성하기도 했다. 그가 불쑥 질문을 던졌다.

"만약에 석방이 되면 어떻게 지낼 생각입니까?"

만델라는 솔직하게 심정을 털어놓았다.

"행여 내가 풀려난 뒤 한가롭게 시간을 보낼 것이라고 생각한다면 큰 오해입니다. 내가 풀려나도 체포되던 때와 같은 상황이라면 다시 똑같은 행동들을 할 것입니다."

만델라는 앞으로 발전할 수 있는 최선의 방법에 대해서도 설명했다.

"ANC와 모든 정치 단체에 대한 금지령을 풀어야 합니다. 즉시 비상사태를 끝내고 정치범들을 석방해야 합니다. 또한 추방된 사람과 망명으로 떠돌고 있는 사람들이 다시 돌아올 수 있게 조치를 취해야 합니다. 만약 정부가 이를 거부한 상태에서 내가 석방된다면 교도소를 나오자마자 또 무장 투쟁을 하게 될 것입니다. 그렇게 된다면 당신네는 나를 다시 체포해야만 될 것입니다."

데 클레르크는 끝까지 만델라의 말에 귀를 기울였다. 그는 모든 제안을 심사숙고하겠지만 확실한 약속은 할 수 없다는 말을 남겼다.

만델라는 실망하지 않았다. 단시간에 해결될 문제들이 아니었기 때문이다. 어차피 첫 회담은 서로의 입장을 알아보는 시간이었다. 만델라는 한 가지 성과는 있다고 판단했다. 데 클레르크가 어떤 사람인가를 알아낸 사실이었다. 그는 국민당 정치인들과는 전혀 다른 인물이었다. 그들과 다르다는 것은 그가 어떤 변화를 가져올 수도 있다는 뜻이었다.

만델라의 기대는 현실로 나타나기 시작했다. 1990년 2월 초 데 클레르크가 한 의회 연설은 획기적이었다. 남아프리카의 그 어떤 대통령도 한 적이 없는 일을 해냈다.

"ANC를 비롯한 모든 정치 단체에 내려졌던 금지령을 해제하고 투옥된 정치범들을 석방할 것입니다. 또한 사형 제도를 폐지하고……."

그는 진심으로 인종 차별 정책의 폐지를 주장했다. 민주적인 남아프리카를 위한 중대한 결심을 선언한 것이다.

ANC는 40년 만에 합법화가 되었다. 남아프리카 전역에 완전하지는 않지만 새로운 빛이 퍼지는 순간이었다. 전 세계도 데 클레르크의 과감한 결정에 지지와 찬사를 아끼지 않았다.

만델라는 벅찬 기쁨에 할 말을 잃을 정도였다. 평생 잊지 못할 환희였다. 이제는 슬픔과 불행을 예고하지 않는 행복만이 가득한 시간이 다가오고 있는 듯했다.

일주일쯤 후 데 클레르크의 요청을 받은 만델라는 다시 그의 집무실로 찾아갔다. 그가 미소를 지으며 악수하기 위해 손을 내밀었다. 만델라가 손을 잡자 그가 말했다.

"당신도 내일 석방될 것이오."

만델라가 놀란 것은 석방 소식 때문이 아니었다. 사실 몇 주 전부터 이미 남아프리카와 전 세계 언론은 만델라가 곧 석방될 것이라는 추측 기사를 내보내고 있었다. 만델라도 그런 기사를 접했기 때문에 어느 정도 예상은 하고 있었다. 만델라가 정작 놀란 것은 그 소식을 직접 전하기 위해 자신을 부른 데 클레르크라는 존재였다.

1990년 2월 11일 구름 한 점 없는 맑고 푸른 하늘이 만델라를 기다리고 있었다. 마침내 27년간의 수감 생활을 끝내는 날이었다. 만델라의 나이 어느덧 일흔두 살이었다.

만델라는 교도소 문을 나서자 하늘을 향해 크게 심호흡을 했다. 여느 때와 다를 바 없는 햇살과 공기였지만 남다른 신선함이었다. 열린 교도소 철문 하나가 모든 것을 새롭게 했다.

만델라의 석방을 축하하기 위해 몰려온 수많은 지지자의 모습이 보였다. 그들이 엄지손가락을 치켜든 채 환호하며 연신 만델라의 이름을 외쳐 댔다.

일행과 함께 케이프타운에 도착한 만델라는 또 한 번 환영 인파에 둘러싸였다. 시청까지 끝이 보이지 않는 축하 행진이 이어졌다. 만델라는 그곳으로 가는 내내 사람들에게 손을 흔들어 기쁨을 함께 했다.

시청 앞에서 만델라가 연설을 했다.

"친구와 동지들 그리고 친애하는 남아프리카 국민 여러분. 자유와 평화와 민주주의 이름으로 여러분께 인사를 드립니다!"

만델라의 조금 격양된 목소리에 군중은 다시 열렬한 환호와 박수를 보냈다.

만델라는 진심을 담아 연설을 이어 갔다.

"저는 선지자가 아닌 국민 여러분의 충실한 종으로 이 자리에 섰습니다. 여러분의 지칠 줄 모르는 고귀한 희생이 저를 이곳에 설 수 있게 만들었습니다. 그래서 저는 남은 시간마저 여러분의 손에 맡기고자 합니다. 국민 여러분 그리고 저의 평생 동지인 올리버 탐보와 월터 시술루 또한 지금의 남아프리카를 있게 해 준 아프리카 민족 회의, 민족의 창, 민주 연합 전선, 여성으로 구성된 검은 창틀 등에 진심으로 경의를 표합니다."

만델라는 그동안 어려움 속에서도 참고 기다려 준 위니와 아이들에게도 고마운 마음을 전했다. 마지막으로 아프리카의 평화를 위해 온 힘을 다할 것임을 다짐했다.

만델라는 완전한 평화를 위한 정부와의 협상을 서둘렀다. 5월 초 3일간의 협상이 진행되었다. 정부로부터 비상사태 해제와 실마리를 찾지 못한 여러 문제에 대해 해결 방안을 모색하겠다는 약속을 받았다.

만델라는 유럽과 북미를 방문해 여러 나라와 회담을 가졌다. 그러나 남아프리카의 무력 충돌은 계속 이어졌다. 아직 정치범 석방 등 약속된 사항들이 지켜지지 않고 있었다. 8월 정부와 다시 협상을 벌였다. 정치범 석방을 다음 해인 1991년 5월까지로 정하고 무력 충돌을 막자는 데 합의했다.

어느덧 석방된 지도 3년이라는 세월이 흘렀다. 그동안 만델라는 남아프리카의 완전한 평화를 위해 밤낮을 가리지 않고 뛰어다녔다. 1991년 7월 올리버 탐보의 뒤를 이어 ANC 의장이 된 뒤로는 더욱 분주한 시간을 보냈다. 그 결과 정부와의 수많은 협상을 통해 대부분의 문제들을 해결한 상태였다. 일부 우익 세력인 백인들의 저항도 만만치 않았다. 그러나 만델라는 국민들에게 했던 약속을 저버리지 않았다.

1993년 6월 남아프리카 역사상 최초의 전국적인 총선거를 다음 해에 실시하기로 결정했다. 인종에 관계없는 1인 1표 원칙에 의한 총선이었다. 흑인들도 처음으로 투표권을 행사하여 자신들이 직접

지도자를 뽑을 수 있게 되었다.

안타까운 소식도 들려왔다. 평생 친구이자 동지였던 올리버 탐보가 그해 뇌내출혈로 세상을 떠나고 말았다. 30년간의 망명 생활을 마치고 귀국했던 그의 죽음은 모두를 안타깝게 했다. 만델라는 남아프리카를 위해 투쟁하다 죽어 간 모든 사람을 위해 더욱 노력했다. 바람의 힘을 모아 기필코 찬란한 태양을 띄워야 했다.

만델라의 노력에 격려를 해 주는 일이 생겼다. 인종 차별 정책 폐지 등에 헌신을 해 온 공로로 노벨 평화상을 수상한 것이다. 협조를 해 준 데 클레르크와 함께였다. 만델라는 영광과 기쁨을 희생자들에게 바쳤다.

1994년 4월 26일 드디어 전국에 걸친 자유 총선거가 실시되었다. 그 결과 ANC가 60%가 넘는 득표율로 국민당을 누르고 승리했다.

5월 2일 데 클레르크는 정권을 ANC에게 넘긴다고 발표했다. 며칠 후 총선에서 승리해 선출된 4백 명의 다인종 국회 의원들이 모였다. 그들에 의해 만델라가 남아프리카 최초 흑인 대통령이 되었다.

만델라가 대통령이 되자 남아프리카는 물론 전 세계의 이목은 백인 지도층에게 쏠렸다. 그동안의 탄압에 대한 정치적 보복을 당할 것이라는 추측 때문이었다. 모두의 예상은 빗나갔다. 만델라는 일반 백인 국민들은 물론 지도층에 대해서도 어떤 보복이나 불이익을 주는 일은 하지 않았다. 인종간의 화합을 위해서는 이해와 관용이 절대적이라는 철학을 잊지 않았기 때문이다.

대통령 취임식은 세계사에 남을 의미 있는 순간이었다. 전 세계 지도자들과 고위 인사 그리고 축하객과 외신 기자들로 인산인해를 이루었다. 취임 연설에서 만델라는 아름다운 남아프리카가 다시는 누구의 억압도 받지 않을 것이라고 선언했다.

"오늘 이곳에 모인 모두에게 축복과 희망을 선물합니다. 우리는 정의와 평화와 인간 존엄을 위해 싸웠고 마침내 승리했습니다. 우리는 그렇게 해방을 이루었습니다. 아름다운 이 땅에서 사람에 의한 탄압은 다시는 되풀이되지 않을 것입니다. 영광스러운 우리의 승리 위에 눈부신 태양은 계속 비칠 것입니다. 자유가 더욱 발전하도록 우리 모두 노력합시다. 아프리카에 신의 은총이 있기를!"

만델라의 연설이 끝나자 우레와 같은 박수가 쏟아졌다.

마침내 떠오른 태양으로 눈부신 아프리카 하늘에 자유와 평화를 알리는 소리였다.

퇴임 후의 발자취

　자유와 평화를 위한 만델라의 투쟁 의지는 비폭력 운동으로 꽃
피울 수 있었다. 무력 투쟁의 길을 걷기도 했지만 많은 사람이 우려
했던 더 큰 유혈 사태는 일어나지 않았다. 그 결과 민주주의를 열
수 있도록 기회를 만든 위대한 지도자라는 평가를 받았다.

　지도자로서 그는 민주주의의 탄탄한 기반을 다지기 위해 더욱
노력했다. 가장 먼저 실천한 것은 새로운 민주주의를 위한 헌법 제
정을 이끈 일이었다. 또한 아프리카의 주권과 이익이 국제 사회의
흐름보다 우선시되어야 한다는 생각을 가지고 아프리카인들을 위
해 국제 사회에 당당히 맞서겠다는 자세를 밝혔다. 이는 아프리카
인들도 서방의 강대국과 대적할 수 있다는 용기를 갖게 한 계기가

되었다.

만델라는 행동가의 모습도 잃지 않았다. 사이르 내전 분쟁이 벌어지자 직접 당사자들을 만나 설득하고 중재해 유혈 충돌을 막았다. 앙골라 내전 때 역시 앙골라 대통령과 반군 지도자를 초대해 회담을 주선했다. 한편 '남아프리카 개발 공동체(SADC)' 의장에 취임해 민주주의를 거부하는 스와질란드와 잠비아에 대한 제재를 제안하기도 했다.

만델라의 분주한 행보는 계속되어 1995년 7월에는 대한민국을 방문해 정상 회담을 가졌다. 양국 간의 우의를 다지고 경제 협력을 약속한 그는 서울 대학교로부터 인류 평화에 기여한 공로로 명예 철학 박사 학위를 받았다. 그 후 2001년 3월에 다시 방한해 노벨 평화상을 수상한 김대중 대통령을 만나기도 했다.

1997년 ANC 의장에서 물러났지만 만델라는 자유와 평화를 향한 여정을 멈추지 않았다. 다음 해 7월 아르헨티나를 방문해 아프리카와 협력하여 '신세계 질서'를 세울 것을 요구했다. 정상 회담 연설에서 "남과 북이 힘을 모아 가난과 질병 그리고 사회적 불안을 몰아낼 수 있는 신세계 질서를 만들어야 한다"고 촉구한 것이다. 그러기 위해서는 서로가 정치·경제적 협력을 강화해야 한다고 역설했다. 만델라는 1999년 6월 퇴임할 때까지 지도자로서의 성실한 자세를 지켜 나갔고, 그 후에도 국제 평화와 인권 수호를 위한 노력은 계속되었다.

1999년 9월, 독립에 반대하는 민병대들이 동티모르 곳곳에서 주민 학살을 자행하는 일이 벌어졌다. 만델라는 즉각 성명을 발표하고 폭력 사태를 막기 위해 유엔의 신속한 개입을 촉구했다. 10월에는 중동의 평화를 위해 앞장섰다. 중동을 순방하며 복수와 폭력이 아닌 용서와 평화의 길을 가라며 팔레스타인 사람들에게 호소해 열렬한 기립 박수를 받았다.

2000년 만델라는 10년 전 27년간의 수감 생활을 마치고 석방되었을 때를 되돌아보는 자리를 가졌다. 그때 '자유를 다시 느낄 수 있게 해 준 중요한 순간'이었다고 말한 바 있다. 기자 회견에서 다음과 같은 생각을 밝히기도 했다.

"우리 모두가 인종 차별을 극복하고 철폐시킬 수 있었던 것은 훌륭한 조직과 사람들 덕분이었습니다. 그들은 마음을 모아 해야 할 일이 있다는 것을 잘 알았습니다. 그런 마음들이 마침내 어려움을 이겨 냈던 것입니다."

그해 5월 야세르 아라파트 팔레스타인 자치 정부 수반과 이집트와 요르단의 중동 평화안을 지지했다. 10월 '올해의 국제 여성 협회'가 수여하는 금세기 세계 지도자상을 수상했다. 협회는 만델라가 스스로를 통해 미움과 원한을 용서와 관용으로 바꿀 수 있다는 사실을 전 세계에 가르친 존재라고 이유를 들었다.

다음 해인 2002년 2월, 대한민국 '3·1 독립운동 기념관 건립 위원회 및 세계 비폭력 운동 본부'는 창립총회에서 초대 총재로 만델라를 추천하여 만장일치로 추대되었다. 6월에는 인권 운동에 앞장선 공로로 프랭클린 루스벨트 상을 수상하기도 했다.

2003년 월터 시술루의 사망 소식에 누구보다 슬퍼한 것은 만델라였다. 만델라는 그를 추모하며 남은 시간을 세계 평화를 위해 더욱 노력하리라 다짐했다. 전 세계는 만델라의 지칠 줄 모르는 헌신에 찬사를 보내며 오래오래 기억하고자 했다. 그리고 다음 해 3월, 남아프리카공화국 요하네스버그 샌튼 지역에 만델라 동상을 세웠다. 또한 대한민국에서는 제6회 만해 축전을 통해 만델라를 만해 대상 평화 부문에 선정했다. 만해 축전은 독립운동가이자 시인이었던 만해 한용운의 민족정신과 예술혼을 기리는 행사이다.

그러나 만델라에게 슬픔과 불행은 늘 따라붙는 그림자와 같은 것이었는지도 모른다. 2005년 1월, 변호사이자 사업가였던 둘째 아들 마가토가 에이즈로 사망하자 다시 절망에 빠졌다. 만델라는 이 사실을 공개적으로 밝히고 힘을 내기로 결심했다. 전 세계 에이즈 퇴치 운동가들과 정치인들로부터 찬사가 이어졌다. 모두가 용기 있는 결단이라고 입을 모았다. 만델라가 그런 사실을 밝힐 수 있었던 것은 에이즈 퇴치라는 목적 때문이었다. 그 후 만델라는 에이즈와 아프리카 대륙의 빈곤 퇴치를 위해 더욱 열정을 쏟았다.

이미 86세의 고령이 된 쇠약한 몸에도 불구하고 선진 7개국(G7) 재무 장관 및 중앙은행 총재 회의가 열리고 있는 런던을 방문했다. 그곳에서 아프리카 대륙의 빈곤 문제를 해결하라고 촉구했다. 아프리카인들이 자유롭게 편히 살 수 있도록 하는 실천 방안도 제시했다. 그들이 과거에 진 빚 100퍼센트를 없애야 한다는 인상 깊은 주장이었다.

2005년 10월, 영국 BBC 방송이 흥미로운 결과를 발표했다. 각국의 지도자, 사상가, 유명인 등 100여 명 가운데 세계를 이끌어 갈 인물 11명을 선정했는데 만델라가 1위를 차지한 것이다. 빌 클린턴 전 미국 대통령이 2위, 티베트의 정신적 지도자 달라이 라마가 3위로 뒤를 이었다. 이렇듯 '지도자'라는 호칭이 가장 잘 어울리는 인물이 만델라이다. 2007년 7월에는 은퇴한 세계의 지도자 모임인 '세계 원로회'의 출범을 선포해 또 한 번 건재를 과시했다. 그는 여전히 세계를 위해 이끌고 가야 할 것이 있다는 신념 속에서 살고 있었다.

2008년 7월 18일 90회 생일을 맞아 고향에서 축하 행사가 열렸다. 만델라는 지팡이를 짚고 참석해 여러 사람과 아프리카 전통 방식 속에서 함께 기쁨을 나누었다. 그의 생일에 맞춰 기념주화가 발행되기도 했다. 또한 '넬슨 만델라 자선 콘서트'가 열렸다. 그러나 만델라는 기자들을 향해 자신보다는 아프리카 민족 회의(ANC)의

가치와 업적을 축하하고 기념해 달라는 말을 잊지 않았다. 그 이유를 묻는 질문에 ANC가 없었다면 자신도 존재하지 못했을 것이라고 답했다.

만델라는 자신이 만든 자선 단체 '넬슨 만델라 재단'과 에이즈 퇴치 운동 조직인 '46664'를 통한 인권 운동에도 적극 참여했다. 46664는 1964년 로벤 섬에 466번째로 수감된 재소자라는 뜻이다. 이 번호는 에이즈 퇴치 기금 마련 콘서트의 이름으로도 사용되고 있다. 전 세계 평화 운동가들의 상징적인 숫자이기도 하다.

만델라의 평화와 화합을 위한 손길은 스포츠에도 미쳤다. 2010년 6월부터 치러진 '남아공 월드컵' 때 가나가 우루과이와의 8강전에서 승부차기까지 가는 접전 끝에 지고 말았다. 그러자 만델라는 그들을 불러 위로의 자리를 마련해 주었다. 개막식에 참석하지 못했던 만델라가 그런 배려를 보였다는 사실에 많은 사람이 깊은 감동을 받았다. 그는 딸 진드지의 13세 된 손녀가 교통사고로 숨지는 바람에 개막전에 불참했었다.

오랜 수감 생활과 세계 평화에 대한 지칠 줄 모르는 열정은 그의 몸을 끝내 힘들게 했다. 2011년 1월, 호흡기 질환으로 입원했던 그는 현재 자택에서 요양하며 지내고 있다. 때마침 들려온 소식은 힘이 되었다. 올리버 탐보와 함께 운영했던 법률 사무소 건물(챈설러 하우스)이 기념관으로 새롭게 단장된 것이다.

또한 7월 18일 93회 생일은 어느 때보다 행복한 날이 되었다. 전국의 초·중·고교 학생 1,200만 명이 한곳에 모여 생일 축하 노래를 불러준 것이다. 가장 많은 사람이 한 사람의 생일을 동시에 축하한 세계 기록으로 기네스북에 오를 예정이라는 소식에 만델라는 흐뭇해했다. 만델라 자택이 있는 요하네스버그 시가 기념으로 나무 93그루를 심기도 했다. 자택에서 의료진의 간호를 받고 있던 만델라는 자손들과 함께 찍은 사진으로 국민들의 마음에 보답했다.

전 세계인들은 만델라를 아프리카의 정치적 대부라고 부른다. 그는 국제 사회에서 아프리카의 이익을 대변하고 있다. 또한 아프리카에서 자주 일어나고 있는 내전의 중재 역할을 한다. 아프리카 여러 국가 간의 경제 협력을 이끄는 등 최근까지 평화를 위한 발자취는 이어지고 있다. 그는 남아프리카공화국은 물론 아프리카 전 지역을 하나로 엮는 역할자인 셈이다. 그 자체가 곧 세계 평화를 위한 작지만 커다란 흔적이다.

전 세계에 현존하는 인물 가운데 가장 존경받는 박애주의자 만델라. 세계 인권 운동의 상징이 된 그는 지구촌이 낳은 자랑스러운 유산 가운데 하나이다.

작가의 말

흔들고 충돌하고 강탈하고 파괴하고 짓밟고 따돌리고…… 불협화음의 세상 속에서 이따금 '너무나 아름답고 신나는 일이 없을까?' 하고 스스로에게 질문할 때가 있다. 바람과는 달리 눈앞에 펼쳐지는 것은 되풀이되는 시간이다. 오히려 답답하고 꽉 막힌 하루하루가 이어지기도 한다. 그런 정체된 일상을 기분 좋게 깨워 준 일은 넬슨 만델라 평전 쓰기였다.

가장 먼저 스친 것은 세상에 울림이 될 수 있겠다는 기대감이었다. 그 신나는 타종은 "발전을 위한 가장 위대한 무기는 평화입니다"라는 그의 신념에서부터 출발했다.

27년간의 복역으로 세계 인권 운동의 상징적인 존재가 된 넬슨 롤리흘라흘라 만델라(Nelson Rolihlahla Mandela). 그는 자유를 박탈당한 참담함 속에서도 좌절하지 않고 의지를 다져 나갔다. 희망을 기다리지 않고 적극적으로 손을 뻗어 잡아당겼다. 인종 차별의 폐지와 민주주의를 위한 끊임없는 노력은 밝은 빛으로 찾아왔다.

자유의 몸이 되어서도 개인적인 안일보다는 흑인의 인권과 남아프리카의 평화를 위해 다시 뛰었다. 그 공로를 인정받아 1993년 노벨 평화상을 수상하기도 했다. 그리고 마침내 남아프리카공화국 최초 흑인 대통령이 되어 46년간 이어져 온 암흑의 아파르트헤이트 시대를 종식시켰다.

대통령이 된 그는 많은 사람의 예상과 달리 화해의 손을 내밀었다. '진실과 화해 위원회'를 만들어 용서와 화해를 강조하고 실천했다. 과거의 역사를 청산하고 더 나은 세상으로의 발전을 약속한 것이다. 인종 차별 정책에 저항한 흑인들을 총살 등의 무자비한 방법으로 탄압한 자들도 뉘우치면 용서해 주었다. 저항 운동 희생자들의 무덤에 비석을 세워 그들을 오래 기억하게 했다.

만델라는 '억압하는 사람과 억압받는 사람 모두를 해방시키는 것이 사명이었다'고 말했다. 자유를 향해 머나먼 길을 걸어왔지만 아직 가야 할 길이 남았다고 게으름을 용서하지 않았다. 자유에는 책임이 따르기 때문이다. 그래서 지금도 그는 분주하게 그 길을 가고 있는지도 모른다.

평전을 써 가면서 주목받고 싶으면 먼저 누군가를, 어떤 일을 주목해야 한다는 사실을 재확인할 수 있었다. 만델라가 끊임없이 바라보고자 했던 것은 자유와 평등이었다. 인종 간의 차별과 갈등이 없는 진정한 민주주의의 평화로운 세상이었다. 그래서 포기하지 않고 그 희망을 향해 시선을 준 결과 마침내 그로부터 소식이 온 것이다. 바라던 것들로부터 만델라가 주목을 받기 시작한 순간이다.

지난 2010년 유엔이 그의 생일인 7월 18일을 '만델라의 날'로 지정했다. 67년 동안 인권 운동에 몸바쳐 온 그의 박애 정신을 잇고자 함이다. 그날 하루만이라도 모두가 67분 동안 이웃을 위해 선행을 하자는 취지이다. 지구촌 곳곳에 있는 소외 계층을 위한 67분은 그 이상의 의미가 있다. 봉사 활동을 하며 나눔과 박애 정신을 배우는 동안은 우리가 세계를 주목하는 시간이다. 우리가 한마음으로 바라보는 세계는 곧 우리를 향해 더 큰 희망과 평화를 줄 것이다.

이익이 없어 회피하고 영광스러운 자리가 아니라 돌아서는 일은 쉽다. 반면에 남들이 어렵고 위험하다고 꺼리는 일을 위해 한평생 사는 일은 어렵지만 아름답다. 그래서 늘 빛이 나고 생각만 해도 행복하다.

만델라는 자신을 평범하지 않은 여건 때문에 지도자가 된 평범한 사람이라고 말한 적이 있다. 만델라를 가리켜 누군가는 '아프리카 왕족과 영국의 귀족을 합쳐 놓은 듯한 인물'이라고 표현하기도 한다. 외형적으로는 지극히 기품이 있고 신사적으로 비칠 수 있다. 그러나 그는 현실 속에서 기품을 버리고 때로는 비신사적으로 투쟁하며 살 수밖에 없었다. 평화를 위해 흔든 비폭력 투쟁의 깃발로는 희망을 부를 수 없었기 때문이다. 그러나 끝까지 잃지 않았던 것은 왕족과 귀족보다 더 고귀한 민주주의를 갈망하는 모습이었다.

우리는 그를 흑인 인권 운동가, 정치가, 노벨 평화상 수상자, 남아프리카공화국 흑인 최초 대통령 등으로 부른다. 그는 자유와 평등 그리고 민주주의의 상징이다. 세계 평화의 선명한 기호이다.

아름다운 사람이다.

평화로운 여름을 보내며…….

넬슨 만델라 연보

1918년 7월 18일 남아프리카 트란스케이 주(州) 움타타에서 태어남.

1923년 5세 목동으로 씩씩한 유년기를 보냄.

1925년 7세 학교에서 영국식 교육을 받기 시작. 자신과 모든 것이 다른 백인에 대해 생각하게 됨.

1927년 9세 아버지를 잃고 템부 족장 욘긴타바 왕궁으로 가서 살게 됨. 그에게 지도자의 성품을 배우고 후원으로 학업을 이어 감.

1934년 16세 클라크베리 기숙 학교에 입학하여 백인 중심의 교육을 받음.

1937년 3년 중등 과정을 2년 만에 졸업하고 힐드타운 대학에 진학.

1940년 포트헤어 대학에서 법률 공부를 하던 중 학생 대표 회의 대의원 출마 문제로 퇴학당함.

1941년 결혼하라는 욘긴타바를 피해 요하네스버그로 감. 법률 사무소 견습 사원으로 일하며 독학으로 법률 공부를 이어 감. 그해 겨울 욘긴타바가 찾아와 용서하고 화해를 하지만 반 년 후 사망.

1942년 통신 과정으로 남아프리카 대학 학사 학위를 받음.

1943년 변호사가 되려고 비트바테르스란트 대학에 등록. 법률 사무소 일과 학업을 병행하며 아프리카 민족 회의(ANC)에 가입함.

1944년 ANC 내 청년 동맹을 창설. 에블린 메이스와 결혼. 2년 후 첫째 아들 템비 태어남.

1947년 법률 사무소를 그만두고 학업에 전념. 첫째 딸 마카지웨가 태어 났지만 병으로 9개월 만에 세상을 떠남.

1948년 총선거에서 다니엘 말란의 국민당 승리. 인종 차별 정책(아파르트 헤이트)이 강화됨.

1949년 ANC는 행동 강령을 채택하고 마침내 투쟁을 선언.

1950년 파업에서 경찰에 의해 많은 사상자가 발생. 국민당 정부의 탄압 이 이어짐. 다음 해 둘째 아들 마가토 태어남.

1952년 ANC 청년 동맹 의장이 됨. 대규모 파업의 저항 운동을 시작. 변 호사 자격시험에 합격한 후 올리버 탐보와 법률 사무소를 개업. 아파르트헤이트에 맞선 비폭력 저항 운동과 흑인 인권 운동을 본격화함.

1953년 국민당 정부의 반투(흑인) 교육법 등 강경한 탄압 의지에 흑인들 의 고통이 가중됨. 죽은 첫째 딸의 이름을 그대로 붙인 둘째 딸 마카지웨 태어남. 2년 뒤 에블린 메이스와 헤어짐.

1956년 국가 반역죄로 체포됨.

1958년 위니와 결혼. 두 딸 제나니와 진드지가 태어남.

1960년 백인 경찰이 흑인 시위대에 발포하여 수많은 사상자를 낸 '샤프 빌 흑인 학살 사건'이 발생. 올리버 탐보 해외 망명.

1961년 국가 반역죄 혐의를 입증하지 못해 만델라를 포함하여 모두 무죄 판정을 받음. 무력 투쟁을 선언하며 민족의 창(MK)을 결성. 그해 남아프리카 연방에서 남아프리카공화국이 됨. 무장 조직 MK 최고 사령관으로 정부 시설물에 대한 폭파 공격을 지휘함. 자유를 위한 투쟁 의지를 담은 《투쟁은 나의 인생》을 출간.

1962년 에티오피아 수도 아다스아바바 회담 참석차 불법으로 출국. ANC와 MK의 존재와 필요성을 역설하고, 투쟁 목적 등을 강조. 저항 운동에 대한 재다짐 속에 군사 훈련을 받던 중 비밀리에 귀국한 후 체포됨. 파업 선동과 불법 출국 혐의로 기소되어 징역 5년 형을 선고 받고 정치범이 됨.

1963년 정부의 탄압이 거세지고 MK 최고 사령부가 습격당함.

1964년 반역죄 추가로 월터 시술루 등과 종신형에 처함. 로벤 섬에 투옥되어 27년간의 기나긴 복역이 시작됨.

1968년 심장마비로 어머니가 사망하고 다음 해 부인 위니가 체포 수감됨. 7월 첫째 아들 템비가 24세의 나이로 교통사고로 사망.

1969년 앨버트 루툴리 뒤를 이어 올리버 탐보가 ANC 새 의장이 됨.

1971년 체포되어 로벤 섬으로 온 MK 전사들에게 ANC의 역사와 의미를 가르치고 정신적 무장을 시킴.

1972년 만델라 자택에 경찰들이 테러를 가함. 위니가 금지령 위반으로 기소됨. 그 무렵 60회 생일에 출판할 목적으로 자서전 집필을 시작.

1976년 요하네스버그 소웨토에서 대규모 항쟁(소웨토 항쟁) 발생.

1978년 신문과 라디오 청취가 허락됨. 뉴스를 통해 P.W. 보타가 새 총리
의 자리에 올랐다는 소식 등의 정보를 수집.

1979년 옥중에서 자와할랄네루상을 수상. 그 후 1981년과 1983년에 브루
노 크라이스키 인권상과 유네스코의 시몬 볼리바 국제상을 수상.

1982년 월터 시술루 등과 로벤 섬을 떠나 폴스무어 교도소로 이감.

1985년 폭력 활동 포기하면 석방하겠다는 대통령 보타의 제안을 거절.

1986년 ANC와 정부 사이의 대립 속에서 다시 대규모 항쟁(인민 항쟁)이
발생하자 정부가 비상사태 선포. 정부와의 대화를 위한 방법을
모색함.

1987년 정부와 대화를 위한 노력 속에서 법무 장관과의 재접촉을 시도함.

1988년 보타 대통령에게서 비밀 회담을 갖자는 제안을 받음. 70회 생일을
맞아 즐거운 한때를 보내지만 허파에 문제가 생겨 수술을 받음.

1989년 7월 보타와 비밀 회담을 갖지만 큰 성과 없이 끝남. 8월 불만스
러운 소감을 남기며 보타가 사임함. 뒤를 이은 데 클레르크가 월
터 시술루 등 7명의 정치범 석방을 약속. 12월 데 클레르크와 회
담에서 모든 정치 단체에 내려진 금지령을 풀고 정치범 석방 등
을 요구함.

1990년 2월 데 클레르크가 역사적인 연설을 함. ANC는 40년 만에 합
법화되고 만델라도 석방. 망명 중이던 올리버 탐보가 30년 만에

귀국.

1991년 7월 올리버 탐보의 뒤를 이어 ANC 의장이 됨. 정부와 평화를 위
한 수많은 협상을 벌임.

1992년 여러 문제로 관계가 멀어지기 시작한 위니와 헤어짐.

1993년 남아프리카 최초로 1인 1표제 민주적인 총선거를 다음 해 4월에
실시할 것을 결정. 평생 동지였던 올리버 탐보가 뇌내출혈로 사
망하여 깊은 슬픔에 잠김. 인종 차별 정책 폐지 등에 대한 공로
로 데 클레르크와 함께 노벨 평화상을 수상함.

1994년 총선거의 승리로 5월 10일 대통령에 취임. 46년간 지속되어 온
인종 차별 정책을 종식시킴.

1995년 자서전《자유를 향한 머나먼 여정》을 출간함.

1996년 새로운 민주주의를 위한 헌법 제정을 주도함.

1997년 남아프리카 개발 공동체(SADC) 의장으로 민주주의를 거부하는
스와질란드와 잠비아에 대한 제재를 제안. ANC 의장에서 퇴임함.

1998년 80회 생일에 모잠비크 전 대통령의 미망인 그라사와 결혼.

1999년 2월 국회에서 마지막 연설을 하고 그 후 정계 은퇴를 함.

2001년 5월 야세르 아라파트 팔레스타인 자치 정부 수반과 이집트와 요
르단의 중동 평화안을 지지.

2002년 2월 대한민국 '3·1 독립운동 기념관 건립 위원회 및 세계 비폭
력 운동 본부'가 초대 총재로 만델라를 추대함. 6월 인권 운동에

앞장선 공로로 프랭클린 루스벨트 상을 수상.

2003년 90세의 일기로 월터 시술루 사망.

2004년 남아프리카공화국 민주화 10주년 기념 의회에서 연설함. 미국 시사 주간지《타임》의 '세계에서 가장 영향력 있는 인물 100인'에 선정됨.

2005년 1월 둘째 아들 마가토가 에이즈로 사망한 사실을 공개적으로 밝히고 에이즈 퇴치 운동에 매진함.

2006년 6월 대한민국 광주에서 열린 노벨 평화상 수상자 광주 정상 회의에 영상 메시지와 서신을 통해 한반도와 전 세계의 평화를 기원함.

2007년 6월 만델라의 인종 차별 정책 투쟁 기록이 유네스코 세계 기록 유산에 등재됨. 7월 은퇴한 세계의 지도자 모임인 '세계 원로회'의 출범을 선포. 영국 국회 의사당 광장에 만델라 동상이 세워짐.

2008년 90회 생일을 맞아 고향에서 성대한 축하 행사가 벌어짐. 에이즈 퇴치 기금 마련 콘서트 '46664'를 개최.

2009년 제19회 월드컵 축구 대회 공식 경기장인 넬슨 만델라 베이 스타디움 개장. 11월 아프리카 왕족 회의에서 만델라를 진정한 아프리카의 왕이자 자유의 상징이며 용서와 화합을 가르쳐 준 지도자라고 칭송함.

2010년 2월 출소 20주년을 기념하는 재연 행사를 벌임. 딸 진드지의 13

세 된 손녀가 교통사고로 사망.

일기와 편지 등으로 엮은 《나 자신과의 대화》를 출간.

2011년   1월 호흡기 질환으로 입원했다가 퇴원 후 자택에서 요양함. 7월 18일 93회 생일을 맞아 뜻깊은 축하 행사가 벌어짐. 학생 1,200만 명이 한곳에 모여 한 사람의 생일을 동시에 축하한 세계 기록으로 기네스북에 오름.

© 이원준, 2011

초판 1쇄 발행일 2011년 9월 21일
초판 5쇄 발행일 2023년 10월 1일

지은이   이원준
펴낸이   강병철
펴낸곳   더이룸출판사
출판등록 1997년 10월 30일 제1997-000129호
주소   서울시 마포구 양화로6길 49
전화   편집부 02) 324-2347 경영지원부 02) 325-6047
팩스   편집부 02) 324-2348 경영지원부 02) 2648-1311
이메일   jamoteen@jamobook.com

ISBN 978-89-5707-593-7(44990)